KB075830

표정훈

서평가이자 출판평론가, 번역가, 작가로 일해 왔다.
동서양의 문·사·철을 가로지르며 지식을 그러모아 정리하기를
좋아한다. 서강대학교에서 철학을 공부했으며
한양대학교 특임교수, 건국대학교 문화콘텐츠학과,
한국예술종합학교 서사창작과 강사로 일했다.
『혼자 남은 밤, 당신 곁의 책』, 『탐서주의자의 책』 등을 썼고,
『한국의 교양을 읽는다』, 『대통령의 책 읽기』 등을 함께 썼으며,
『한 권으로 읽는 브리태니커』, 『중국의 자유 전통』 등을
번역했고 『젠틀 매드니스』를 함께 번역했다.

책의 사전

© 표정훈 2021
이 책은 저작권법에 의해 보호받는 저작물이므로
무단 전재와 복제를 금합니다.
이 책 내용의 전부 또는 일부를 이용하려면
저작권자와 도서출판 유유의 서면동의를 얻어야 합니다.

책의 사전

읽는 사람이
알아 두면
쓸모 있는
신통한
잡학

유유

표정훈 지음

일러두기

― 책·신문·잡지 및 영화·그림 제목 등은 『』로, 연재소설·기사 및
  노래 제목 등은 「」로 표시했다.
― 인용문 및 참고문헌 출처는 책 말미의 참고문헌에 모아 두었다.

들어가며
책을 좋아하는 분에게

사전은 辭典이다. 어휘를 모아 일정한 순서로 배열하여 싣고 그 표기법, 발음, 어원, 의미, 용법 따위를 설명한 책이다. 사전은 事典이다. 여러 가지 사물이나 사항을 나타내는 말을 모아 일정한 순서로 배열하고 그 각각에 해설을 붙인 책이다. '책의 사전'이라는 이 책의 제목에서 '사전'은 굳이 말하자면 事典에 가깝다. 더 굳이 말하자면 '사전事典 에세이'라 할까.

여기서 나는 책, 출판, 독서, 글쓰기, 작가, 독자 등, 책을 둘러싼 이런저런 주제에 관한 동서고금의 사항을 모으고 꿰어 정리하여 간략하게 서술하고자 했다. 내 생각이나 경험을 많이 담진 않았다. 책에 대한 생각의 재료를 드린다는 마음으로 임했다. 또한 사전事典인 만큼 사례事例를 가급적 풍부하고 다양하게 담고자 했다. 사전辭典이라면 이는 말의 용례에 해당할 것이다.

이 책의 바탕은 『동아일보』에 연재했던 「표정훈의 호모부커스」다. 연재 당시 지면 관계상 쓰지 못했던 것을 보완했다. 단행본이 누릴 수 있는 자유다. 연재 당시의 시의성과 상관이 깊어 되살리기 어려운 글은 제외했다. 지금 생각할 때 '아니다' 싶은 글도 마찬가지로 제외했다. 글 순서를 항목별 가나다순으로 한 까닭은 아무 곳이나 펼쳐 읽어도 되는 자유를 보장하기 위해서다.

연재 기회를 주신 서원대학교 교양대학 교수 이광표 선생님께 감사드린다. 연재 당시 기자였지만 이후 학교로 옮겨 지금은 문화유산학을 연구·강의하신다. 20년 인연임에도 그 세월 동안 만난 적은 몇 번 없이 서로의 글로 안부를 가늠했던 '글 인연'이다. 그 인연이 이 책을 낳았으니 글 인연이 고맙다.

유유 출판사의 독자로 지내다가 저자가 된 인연 역시 감사하다. 그 인연의 고리는 페이스북이다. 이른바 '페친'으로 지내던 조성웅 대표께서 출간을 제안해 주셨다. 편집을 맡아주신 김은우 선생님, 김유경 선생님에게 깊이 감사드린다. 나이 들수록 고마운 분들만 늘어 간다. 가장 고마운 분들은 나의 글을 읽어 주시는 독자, 그리고 책 읽기 못지않게 책 그 자체를 좋아하는 분들이다.

표정훈

가상의 책

일본은 제2차 세계대전에서 미국과 영국에 우호적인 중립 노선을 지킴으로써 종전 후에도 식민제국을 유지한다. 조선인 기노시타 히데요는 이토 히로부미가 안중근의 총에 맞아 죽는 것으로 시작되는 소설 『도우꾜우, 쇼우와 61년의 겨울』을 읽고 자기 정체성에 의문이 들기 시작한다. "히데요는 책을 덮고 눈을 감았다. (……) 지금까지 대지처럼 단단하고 확실하게 보였던 관념들이 그 바람 앞에 나뭇잎들처럼 흔들렸다." 이후 기노시타는 고서점에서 『조선 고시가선』을 발견하고 조선 관련 자료를 수집한다.

이것은 복거일의 대체역사소설 『비명을 찾아서』의 내용이다. 주인공 기노시타(작중에서는 '기노시다 히데요'로 표기되었으나 현행 외래어 표기법에 따르면 '기노시타 히데요'가 맞다)가 읽거나 수집한 책은 이 소설에만 나오는 가상의 책이다. 이문열의 『사람의 아들』에도 등장인물 조동팔과 민요섭이 쓴 가상의 경전 『쿠아란타리아서』가 나온다. 작가는 경전 부분을 1979년 초판에서는 빼놓았다가 1987년 개정증보판에 실었다.

조지 오웰의 『1984』에 등장하는 『과두적 집단주의의 이론과 실제』도 소설에만 나오는 가상의 책이다. "그 책은 무겁고, 검은색이었고, 제본은 아마추어처럼 어설펐으며, 표지에는 제목도 저자의 이름도 없었다. 인쇄 상태도 그다지 고르지 못했다. 책장들은 여러 사람들의 손을 거친 듯이 모서리가 나달나달했고 쉽게 잘 넘어갔다." 전체주의 국가 오세아니아에서 주인공 윈스턴은

이 금서를 몰래 탐독한다.

무라카미 하루키의 『1Q84』에서 수학 강사이자 작가 지망생인 덴고는 열일곱 살 소녀 후카에리가 쓴 소설 『공기 번데기』를 수정·대필한 뒤, 유사종교 집단의 추적을 받는다. 덴고의 학교 동창이자 킬러인 아오마메는 유사종교 집단 리더를 제거하라는 의뢰를 받는다. 이 밖에도 움베르토 에코의 『장미의 이름』에 나오는 아리스토텔레스의 『시학』 제2권, 하워드 러브크래프트가 작품에서 창조해 냈다는 마법서 『네크로노미콘』 등 가상의 책이 드물지 않다.

오수완 소설 『도서관을 떠나는 책들을 위하여』에는 '쿠프만 컬렉션'이 나온다. 컬렉션 가운데 세상에 없는 책들을 소개하는 『당신이 읽을 수 없는 100권의 책』이 있다. 도서관장 대리 머레이가 이 책을 말한다.

"아마 그는 자신이 상상한 책들을 함께 상상하고 그 책의 내용을 떠올리며 즐거워할 누군가가 단 한 명이라도 있다면 그걸로 족하다고 여겼을 것이다. 어쩌면 한발 더 나아가, 독자가 자신만의 환상적이며 사실적인 책들의 목록을 만들기를, 그리고 그 책들을 찾아 나서기를, 즉 그것을 직접 쓰기를 바랐을지도 모른다."

이러한 가상의 책은 진짜인 것처럼 속일 목적으로 꾸며 낸 가짜 책, 위서僞書와는 다르다. 위서의 상당수는 필사본 등 실물까지 위조한 것이지만, 가상의 책은 꾸며 낸 일부 내용이 작품 속에 나올 뿐이다. 광범위한 지식과 문학적 상상력이 뒷받침되어야 가상의 책을 제대로 탄생시킬 수 있다. 소설의 완성도와 소설 속 가상의 책 완성도는 대체로 비례한다.

각주

책이나 논문의 본문 아래쪽에 달아 놓는 설명인 각주脚注의 기원은 불분명하다. 15세기 중반 구텐베르크의 활판인쇄술 발명 이후 인쇄본이 확산되고 인문주의자들이 고전을 편찬하면서, 오늘날과 같은 각주는 아니어도 책 페이지 여백에 넣는 난외欄外 주석이 발달했다. 1568년 런던의 인쇄업자 리처드 저그가 『비숍 성서』를 인쇄하며 각주를 고안했다는 주장도 있지만 이 경우는 난외 주석에 가깝다.

한편 17세기 프랑스 사상가 피에르 벨의 『역사비평사전』 (1697)에서 처음 각주가 사용됐다는 설이 있는데, 비슷한 시기 다른 저자들도 각주를 사용한 것으로 보인다. 역사학자 앤서니 그래프턴의 『각주의 역사』에 따르면, 오늘날과 같은 각주는 17세기 말에 탄생한 뒤 많은 학자들이 발전시킨 끝에 19세기에는 표준적인 학문적 도구의 지위를 확보했다. 특히 19세기 독일 역사학자 레오폴트 폰 랑케가 각주의 학문적 역할과 위상을 확립하는 데 기여했다.

주석의 위치에 따라 각주 외에도 책 말미나 한 장章이 끝나는 곳에 주석을 모아 배치한 미주尾注, 각 단락이나 장이 끝나는 곳에 다는 요주腰注, 각 쪽의 왼편이나 오른편에 다는 측주側注, 각 쪽의 윗부분에 다는 두주頭注, 본문 안에 괄호 등 기호를 써서 인용 출처나 설명을 다는 괄호주括弧注 등이 있다.

전통 동아시아에서는 유교 경서와 불경 등에 해석과 설명을 붙이는 주소注疏가 학문 활동의 핵심이었다. 예컨대 유교에는 주요 텍스트 13종에 주석을 붙인 『십삼경주소』가 있으며 주자의 『사서집주』는 오랜 세월 표준 해석의 권위를 누렸다. 다만 이러한 주소는 그 자체가 중요한 연구 성과여서 오늘날의 각주보다 위상이 훨씬 더 높기 때문에, 각주의 기원으로 보기는 어렵다.

우리나라에서 각주의 오래된 용례로는 일연의 『삼국유사』(1281경) '명랑신인'明朗神印조가 있다. "돌백사 주첩柱貼의 주각注脚을 상고해 보니 이렇게 기록되었다." 일연이 주첩, 즉 공문서에 달린 주석을 참고했던 것이다. 『태종실록』태종 15년(1415) 8월 13일 기사를 보면 법령집 정리에 관한 태종의 지시에도 주석이 언급된다. "'원전'을 고쳐 '속전'에 실은 것을 모두 다 삭제하고, 그 중에 부득이한 일은 '원육전' 각 조목 아래에 그 주석을 쓰라書其注脚."

각주가 많이 달린 소설도 있다. 일본군 위안부를 다룬 김숨의 장편소설 『한 명』은 258쪽 분량에 각주가 316개다. 증언집, 취재록, 다큐멘터리 등 다양한 자료에 바탕을 두었기 때문이다. 『소설법』을 비롯한 박상륭의 소설에도 적지 않은 각주가 달려 있다. 각주가 많으면 독서의 흐름이 끊어지고 번쇄해질 수 있으나, 각주 읽는 재미도 있다. 본문에서 미처 말하지 못한 것을 본문보다 자유롭게 각주에서 펼치는 책이 적지 않기 때문이다. 이럴 때 각주는 책 안의 책이 된다.

개인 장서

일본 메이지대 부속 '요네자와 요시히로 기념도서관'은 만화·대중문화 평론가 요네자와 요시히로米澤嘉博(1953~2006)가 수집한 잡지와 단행본, 영화와 음악 자료 14만여 점을 바탕으로 설립됐다. 요네자와는 4500여 상자 분량 자료를 갖고 이사하던 중 1층 집주인이 항의한 탓에 이사를 못 했다는 전설을 남겼다.

프랑스 북동부 셀레스타에 있는 유네스코 세계기록유산 '베아투스 레나누스 도서관 장서'는 베아투스 레나누스Beatus Rhenanus(1485~1547)가 세상을 떠나면서 그곳 라틴어학교에 기증한 책과 문서 1700여 점으로 세워졌다. 그는 학생 때부터 교정 일을 하며 번 돈으로 책을 모았고, 출판인이 되어 고전과 인문주의자들의 논저를 펴냈다.

이렇게 잘 보전되어 빛을 발한 개인 장서만 있는 것은 아니다. '조선 문화의 재료가 될 만한 것은 내용의 경향을 묻지 않고 극력 수집하여' 이룬 육당 최남선의 장서 17만 권은 1951년 4월 폭격에 따른 화재로 서울 우이동 저택에서 소실되었다. 육당은 당시 심경을 이렇게 토로했다.

"10년 전 골라 골라 깊이 소개疏開하여 둠이 10년 후 화장터를 준비한 것이란 말인가. 술, 노름, 꽃 대신 너를 잡고 지냈어라. 설움에 위로받고 기꺼움을 서로 나눠 놀기도 많이 했거니 떨어져도 보세나, 언제고 정리하여 빛내는 날 있겠거니, 수없는 고문서와 23만 조사카드 마침내 돼지에게 진주더란 말인가."

개인 장서는 제 주인을 만나 새로운 학문적 성과를 낳기도 한다. 12세기 중국 남송시대 쓰촨 지방의 관리 정도井度는 조공무晁公武가 학문을 애호하는 것에 크게 감동했다. 정도는 자신이 10년간 수집한 귀중 도서를 모두 조공무에게 주었다. 조공무가 이를 바탕으로 쓴 『군재독서지』郡齋讀書志는 문헌학 연구에 크게 기여해 왔다.

개인 장서 기증의 역사는 현재진행형이다. 문학평론가 김윤식 서울대 명예교수의 유족은 문학계 발전을 위해 쓰이도록 30억 원을 한국문화예술위원회에 기증한 것과 별도로, 김 교수가 소장했던 희귀 서적과 문학사적 가치가 높은 자료들을 국립한국문학관에 기증하기로 했다.

송영달 미국 이스트캐롤라이나대 명예교수는 30년 넘게 모은 한국 관련 해외 도서 317점을 2016년 국립중앙도서관에 기증했다. 1880년대부터 1950년대 사이 희귀본이 다수다. 국립중앙도서관에 보낸 편지에서 그가 말했다. "저의 수집품들이 있어야 할 본연의 자리에 속하게 되었다고 생각됩니다."

개인 장서가들의 이렇게 소중한 뜻이 모여 책 문화의 역사가 면면할 수 있었다. 국립중앙도서관에서는 2016년 5월 송영달 개인문고 설치 특별전 '조선을 사랑한 서양의 여성들'을 열기도 했다. 송영달 개인문고는 1947년 오세창(1864~1953)의 위창葦滄문고 설치 이후 국립중앙도서관의 서른 번째 개인문고였다.

겨울

"한밤중 눈 속 매화 가지 비껴 있고 달빛은 책상 위 책을 가만히 비추네. 여린 불로 느긋이 차 끓이고 술 데우자 은근한 향 넘치네. 흐린 등불이 걸린 오래된 벽으로 반짝반짝 새벽빛이 서서히 찾아든다." 양반가 여인 서영수합(1753~1823)의 한시 「겨울밤 책을 읽으며」다. 역시 여성 시인인 김청한당(1853~1890)이 「십일월의 밤」을 읊는다. "겨울밤 둥근 달 눈부시게 숲을 비추네. 등불 아래 책 보고 있자니 내 심사도 밤과 더불어 깊어 간다."

가을을 독서의 계절이라 하지만 책에 몰두하기는 겨울이 제격이다. 중국 후한시대 학자 동우董遇가 책 읽을 시간을 내기 어렵다는 이에게 말했다. "겨울은 한 해의 남은 시간, 밤은 하루의 남은 시간, 비 내리면 한때의 남은 시간이니 이때야말로 책 읽기 적당하다." 책 읽기 좋은 세 가지 남은 시간, 독서삼여讀書三餘의 고사다.

계절에 따라 읽기 좋은 분야가 있을까? 청나라 문인 장조張潮는 『유몽영』幽夢影에서 "겨울에는 경서, 여름에는 역사, 가을에는 사상, 봄에는 문학"이라 했다. 덧붙여 조언한다. "역사는 친구들과 함께 읽고 경서는 홀로 몰두하여 읽는 것이 좋다." 왜 겨울에 경서인가? 겨울에는 정신을 오롯이 집중하기 좋기 때문에 가장 근본이 되는 가르침을 담은 경서를 읽으라고 권고했던 것이리라.

명나라 문인 양천상楊天祥은 책 한 쪽을 100번 읽고 나서야 다음 쪽으로 넘어갔다. 손님이 찾아와도 100번 읽기 전까지는 상대하지 않았고, 밥을 먹지도 잠자리에 들지도 않았다. 그는 이렇게 반복 독서를 하다 졸음이 쏟아지면 얼음물에 발을 담그곤 했다. 한겨울에도 그렇게 하다가 동상에 걸려 발을 잃었다.

조선이든 중국이든 전통 시대 겨울나기는 힘들었다. "차가운 서재라 벼룻물이 얼 텐데, 숯 한 섬으로 그런대로 질화로의 훈기를 갖추고, 백지 한 묶음은 혹시라도 책을 베끼는 데 쓰기 바라네. 붓이 얼어 급히 쓰네." 퇴계 이황이 제자 조목에게 보낸 편지다. 서양이라고 달랐을까? 14세기 인문주의자 페트라르카는 추운 겨울밤 연구에 몰두하는 제자 보카치오에게 귀한 털외투를 주었다. 집현전에서 연구에 매진하다 잠든 신하에게 용포를 덮어주었다는 세종대왕의 일화를 떠올리게 한다.

연말이 다가오면 이런저런 약속도 많이 잡히고 마음이 분망해지기 쉬운가 하면, 추위에 움츠러들며 자칫 기분이 가라앉기도 한다. 평정을 되찾고 기분을 다스리는 데 책 속으로 피한避寒하는 겨울밤 독서만 한 것도 드물다. 그런데 괜히 궁금해진다. 북유럽 국가 시민들이 겨울이 길고 춥고 어두워서 책을 많이 읽는다는 속설은 진실일까? 집에서 책 읽을 시간은 많아지겠지만, 그렇다고 그 시간이 꼭 '책 읽는 시간'이 되리라는 보장은 없을 것이다.

경계

"미술사나 미술사학을 학교에서 배운 일도 없고, 또 어느 선생에게 지도를 받은 일도 없었습니다. 순전히 제 흥에 겨워 미술작품, 그것도 주로 전통 서화를 소년 시절부터 보고 다니고, 좋아서 미술사료나 미술서적을 탐독하기도 하였습니다." 국제정치학자로서 전통 회화에 밝았던 동주 이용희(1917~1997)의 말이다. 그의 글과 강연, 대담 등을 엮은 책으로『한국회화소사』,『일본 속의 한화』,『한국회화사론』,『우리나라의 옛 그림』,『우리 옛 그림의 아름다움』등이 있다.

내과전문의로 서울대 의과대학 교수였던 일산 김두종(1896~1988)은 의사학醫史學과 서지학 분야에서 선구적인 업적을 남겼다. 고서의 간행 연대와 판본, 인쇄 형태와 서체 등을 연구한 성과인『한국고인쇄기술사』(1974), 우리나라 최초의 본격적인 한국 의사학 논저『한국의학사』(1966)가 그것이다. 이렇게 자신의 본래 분야를 뛰어넘어 훌륭한 책을 남긴 사람들이 드물게나마 있다.

영국의 저명한 역사학자 에릭 홉스봄(1917~2012)은 '프랜시스 뉴턴'이라는 필명으로 재즈에 관한 글을 여러 편 썼다. 역사 관련 글과 함께 묶어 펴낸 책에서 재즈 부분만 따로 번역해 나온 책이『재즈, 평범한 사람들의 비범한 음악』이다. 그는 재즈의 민중적 성격을 강조하면서 사회사 측면에서 재즈에 접근했다.

19세기 프랑스사를 전공한 역사학자 전수연 교수는, 이탈리아 음악가 주세페 베르디를 각별히 애호하여 '열렬한 베르디언'을 자처한다. 전 교수는 베르디 탄생 200주년이던 2013년 『베르디 오페라, 이탈리아를 노래하다』를 출간했다. 19세기 이탈리아 사회와 유럽의 현실을 배경으로 베르디의 삶과 음악 세계를 풀어낸 책이다. 저자는 역사학자로서 냉철한 시각을 유지하며 비판적 평가도 주저하지 않는다.

박혜일, 최희동, 배영덕, 김명섭 등 원자핵공학자 네 명은 『이순신의 일기』를 펴냈다. 활용할 수 있는 모든 사료를 치밀하게 검토하고 의문점을 규명하기 위해 노력한 결과다. 박혜일 교수가 먼저 1970년대 초부터 연구에 돌입했고, 책은 1998년 초판이 나온 뒤 보완을 거듭하여 2016년 다섯 번째 증보판이 나왔다.

전문성이라는 명분과 권위를 달고 분야들 사이에 세워진 장벽은 여전히 높다. 분야 간 넘나들기와 융합이 대세라고도 하지만, 오래전부터 쌓인 기득권의 벽이 만만치 않다. 경계를 넘나드는 도전적이고 의욕적인 저자가 더 많이 나와야 하는 이유다.

다만 넘나들기에도 조건은 있다. 단순한 호기심이나 취미 차원을 뛰어넘는 전문성을 갖춰야 한다는 것이다. 안 그러면 자기 분야와 남의 분야에 모두 누를 끼치기 쉽다. 자기 분야가 아닌 다른 분야에도 비교적 오랜 기간 천착해야 함을 명심하자. 자칫하면 그저 넘나드는 것 말고는 아무것도 아닌 꼴이 되고 만다. 어설프게 넘으려다가는 넘어지고 말 뿐이다.

경서

조선의 선비들은 유교 경서를 외우기 위해 경서통經書筒을 사용했다. 경서통이란 대나무를 가늘게 쪼개 경서 구절 몇 글자를 적은 막대기 수백 개를 담은 통을 말한다. 막대기 하나를 뽑은 뒤 적힌 글자를 단서로 어떤 경서의 어느 부분인지 말하고, 이어질 전체 문장을 외우며 뜻을 풀이한다. 일종의 퀴즈식으로 공부할 수 있는 과거科擧 수험용 교보재였던 셈이다.

스탕달 소설『적과 흑』의 주인공 쥘리앵 소렐은 라틴어 성서를 통째로 암기함으로써, 성직자로 입신하여 상류사회로 들어갈 수 있는 발판을 마련한다. 이슬람권에서는 6236개 절, 8만여 단어로 이뤄진 쿠란을 암송하는 대회가 열리기도 한다. 대회 나갈 정도가 되려면 적어도 3년 이상 하루 여러 시간 외우고 또 외워야 한다. 문화권을 불문하고 전통 사회에서는 식자층이라면 경서를 통째로 암기하는 것이 바람직한 일로 여겨졌다.

경經은 피륙이나 그물을 짤 때 세로 방향으로 걸어 놓는 실, 즉 날줄이다. 씨줄이 들고나는 동안 날줄이 자리를 잘 잡고 있어야 한다는 점에서, 경은 불변하는 근본적 가르침이나 보편적 진리를 뜻한다. 경경위사經經緯史라 했으니, 경서의 보편적 진리를 기본 틀로 삼고 여기에 변화하는 역사와 세계를 엮어 탐구한다는 뜻이다.

경서라고 하면 유교 경서부터 떠올리곤 하지만 불교의 방대한 불경과 도교의 도장道藏, 기독교의 성서, 이슬람의 쿠란, 조로 아스터교의 아베스타, 인도 브라만교의 베다 등이 모두 경서다. 신神이나 성인聖人만이 경을 창작할 수 있고 그 밖에 다른 사람들은 작作이 아니라 술述, 즉 경을 해설하고 주석할 수만 있다고 여겨졌다. 성인이 지은 '경'과 현인이 해설한 '전'을 뜻하는 성경현전聖經賢傳을 줄여 '경전'이라 했다.

공자는 자신이 옛 성인들이 이룬 것을 풀어 해설할 뿐 스스로 짓지는 않는다, 즉 '술이부작'述而不作한다고 말했다. 공자가 성인 반열에 오르면서부터는 그의 언행록 『논어』도 경서가 되었다. 이렇게 경서도 시대에 따라 달라질 수 있으며 종교에만 있는 것도 아니다. 중세 서양에서 아리스토텔레스의 저작들은 학문적 경서였다. 유클리드의 『원론』, 프톨레마이오스의 『알마게스트』는 각각 기하학과 천문학의 경서였다. 기원후 2세기에 활동한 의학자이자 철학자 갈레노스의 저서들은 고대와 중세는 물론 근대 초기까지도 의학의 경서였다.

현대는 경서를 잃어버린 시대다. 세속적 합리성이 종교적 경건함을 압도한다. 성숙에 이르는 긴 시간을 견디지 못하고 빠른 성과를 낳는 효율을 추구한다. 보편적 진리 따위는 없다고 여긴다. 몇 안 되는 경서에 생각이 구속되던 옛날보다 자유롭고 다원적인 독서를 할 수 있게 됐지만, 날줄 없이 씨줄만으로 지은 생각의 그물은 위태롭다. 지엽적인 정보 조각과 지식 무더기는 이미 주체하기 힘들 정도로 많다.

계절

가을은 독서의 계절이다. 자연으로서는 긴 여름의 괴로운 더위를 지나 맑은 기운과 서늘한 바람이 비롯되는 때요, 인사人事로서는 자연의 그것을 따라 여름 동안 땀 흘려 가며 헐떡이던 정신과 육체가 가쁘고 피곤한 것을 거두고, 조금 편안하고 새로운 지경으로 돌아서게 되는 까닭이다.
— 한용운, 「독서 삼매경」

가을 하면 독서의 계절을 연상한다는 친구를 만나 어제는 즐겁게 입씨름을 했다. 내 반론인즉 가을은 독서하기에 가장 부적당한 비독서지절非讀書之節이라는 것. 덥지도 춥지도 않은 긴 가을밤에 책장 넘기는 그 뜻을 모르는 바 아니지만, (……) 독서의 계절이 따로 있어야 한다는 것부터 이상하다. 얼마나 책하고 인연이 멀면 강조 주간 같은 것을 따로 설정해야 한단 말인가.
— 법정, 「비독서지절」

만해 스님과 법정 스님의 의견이 상반되어 보이지만, 두 분 말씀은 모두 합당하다. 가을의 기후와 분위기는 독서에 적합하지만, 야외 활동하기도 좋은 때이고 보니 책과 멀어지기도 쉬운 때다. 실제로 가을은 도서 판매 비수기다. 가을이 독서의 계절이라는 것은 사람들이 책을 많이 읽어서가 아니라 '책을 많이 읽자'는 취지에서 나온 말에 가깝다.

날이 따뜻해지기 시작하는 봄에는 봄꽃 보러 나들이 가기 바빠 책과 멀어진다. 여름에는 더위에 지쳐 책에 집중하기도 어렵고 시원한 바다나 계곡으로 자꾸 마음이 향한다. 가을엔 고운 단풍에 마음 설레고 운동을 새로 시작하고 싶어진다. 겨울엔 연말연시 들뜬 분위기에 책도 일도 손에 잘 잡히지 않는다. 책을 멀리할 계절 핑계는 사계절 넘쳐 난다.

우리 땅에서 '독서의 계절'이 통용되기 시작한 것은 1920년대 중반부터였다. 1927년 4월 9일 자 『동아일보』의 평양부립도서관 관련 기사는 "6월 초순경에는 건축 공사에 착수하여 9~10월경에 준공됨을 따라 설비를 빠르게 하여 독서의 계절인 추기秋期를 놓치지 않고 문을 열 작정"이라 전한다. 오늘날 '도서관 및 독서진흥법 시행령'에도 "독서의 달은 매년 9월"로 지정되어 있다.

"때는 가을이라 장마는 물러나고 산뜻한 바람 가득하니, 등불 가까이하고 책 펼칠 만하다." 중국 당나라의 한유韓愈가 아들에게 공부를 권하는 뜻으로 지은 「부독서성남」符讀書城南의 구절이다. 어찌 가을뿐이랴. 남송 말기, 원나라 초기의 문인 옹삼翁森이 「사시독서락」四時讀書樂에서 사계절 독서의 운치와 즐거움을 말한다.

"세월 헛되이 보내지 말지니 아름다운 봄날이 흘러감에 오직 책 읽는 즐거움이 있을 뿐. 긴 여름 낮 책 읽은 뒤 매미 소리 그치니 즐거움은 끝이 없어라. 지난밤 앞뜰에 잎 지는 소리 들리더니, 가을 품은 모든 소리 적막한 가운데 책 읽는 즐거움 비길 데가 없구나. 깊은 밤 큰 눈 쌓이고 화로에 찻주전자 끓어오르니, 책 읽는 즐거움 어찌 다른 데서 찾을까."

과학교양서

안동혁의 『과학신화』科學新話, 김봉집의 『자연과학론』, 양동수가 번역한 1909년 노벨 화학상 수상자 오스트발트의 『화학의 학교』 (이상 1947년 출간), 권영대의 『자연과학개론』, 김기림이 번역한 스코틀랜드의 과학 저술가 존 아서 톰슨의 『과학개론』(이상 1948년 출간). 우리나라 과학교양서의 출발을 이룬 책들이다. 문학평론가이자 시인 김기림은 왜 과학교양서를 번역했을까? 문학평론가 김윤식이 말한다.

"김기림은 오늘 우리가 느끼는 가난 가운데 '과학의 가난'이 제일 불행했다고 단언하고, 새나라 건설의 구상은 과학의 급속한 발달과 계몽을 한 필수 사항으로 고려해야 한다고 외쳤지요. 과학사상, 과학적 정신, 과학적 태도, 과학적 사고방법의 계몽이야 말로 새 나라의 노래이어야 했던 것이지요."

일제강점기에도 과학 계몽을 위한 노력은 꾸준했다. 1924년 10월 창립된 최초의 과학 진흥 단체인 발명학회는 1933년 6월 최초의 과학 종합잡지 『과학조선』을 창간했다. 1929년 6월 연희전문학교 연희수리연구회가 창간한 학술지 『과학』은, "일반 사회가 과학을 이해하고 과학에 대한 친ৠ함이 자라도록 한다"는 목표를 창간사에서 밝혔다.

서양에서 들어온 새로운 지식 체계인 과학기술을 일반 대중에게 널리 보급하고 '과학적 사고방식'을 정착시켜야 한다는 목표. 요컨대 계몽적 과학, 과학적 계몽의 과제가 과학교양서 분야의 전체적인 분위기였다. 이런 목표와 분위기가 고도경제성장 시대에 이른바 '과학입국'科學立國이라는 국가적 목표와도 닿았다.

본격적인 첫 대중 과학교양서는 전파과학사의 '현대과학신서'다. 과학사학자 송상용이 주도하고 박택규(화학), 이병훈(생물학), 박승재(물리학) 등이 기획위원으로 참여하여 1973년 1월 첫 권 『우주·물질·생명』(권영대 외)이 나왔다. 1985년까지 나온 130여 권 가운데 3분의 1 정도가 우리나라 저자들의 책이다. 과학교양서 저술·번역가들이 사실상 '현대과학신서'를 통해 탄생했다.

사실상 첫 과학교양서 베스트셀러는 칼 세이건의 『코스모스』다. 1981년 문화서적과 일월서각에서 번역서가 나와 그해 대형서점 종합 베스트셀러 12위에 올랐다. 『코스모스』는 2004년 저작권 계약에 따라 사이언스북스에서 천문학자 홍승수 교수의 번역으로 정식 출간되어 30만 부 이상 판매됐다. 우리나라 저자의 책으로는 물리학자 김제완 교수의 『겨우 존재하는 것들』(1993)이 큰 주목을 받으며 스테디셀러가 된 바 있다. 이인식, 최재천, 정재승 등 과학교양서 저술로 스테디셀러 및 베스트셀러 저자 반열에 오른 이들도 나왔다.

칼 세이건, 리처드 도킨스, 올리버 색스, 헨리 페트로스키, 야마모토 요시타카 등 탁월한 과학기술 분야 저술가가 많다. 그 반열에 오를 만한 국내 저술가가 나오려면 과학기술을 둘러싼 사회·문화 조건이 성숙해야 한다. 과학기술도 하나의 문화이며, 실험실 바깥 사회 배경과 떼려야 뗄 수 없는 관계이기 때문이다.

광고

온·오프라인 매체가 다양해지기 전까지 책 광고는 대부분 신문 지면에서 이뤄졌다. 지면 하단 전체나 한 면 전체를 차지하는 책 광고가 흔한 시절이었다. 서평란보다 광고 지면에 더 많은 신간 정보가 실렸다. 1980년대 중반부터 1997년 IMF 체제 전까지 라디오나 TV 광고도 성행했다. 시초는 정비석의 『소설 손자병법』(1984)이었다. 1990년대 초 TV로 책 광고 한 편을 내보내려면 제작비를 포함해 2000~3000만 원이 들었다. 지금 기준으로도 결코 적지 않은 액수다. 저자 인세의 일정 비율을 광고비로 제하기도 했다.

이렇게 광고에도 경쟁이 붙으면서 1993년 우리나라 출판계의 광고비 규모는 1000억 원을 넘을 정도였다. 광고 경쟁으로 소수 베스트셀러에만 독자들의 관심이 집중되고 책값이 올라가자 과대광고를 지적하는 목소리도 커졌다. 지하철 객차 책 광고에 '지금 당신의 손은 어디에'라는 문구와 함께 야릇한 장면을 넣어 문제가 된 적도 있다. 급기야 출판 단체들이 자정 차원에서 '작은 책 광고' 운동을 펼치고 나섰다.

책 광고는 한 시대 출판의 현실을 증언하는 자료가 된다. "경쟁이 치열한 출판계에 혁명아가 출현하여 독서계에 희생적 제공을 목적으로 전무후무한 서적 할인권을 발행하여 강호제현에게 소개하오니." 1913년 9월 잡지 『신문계』新文界에 실린 왕래서시往來書市 출판사의 광고 문구에서 서적 할인권 제도의 시작을 알 수 있다.

1920년 동양서원東洋書院에서 발행한 장도빈의 『위인 링컨』 신문광고 문구는 이러했다. "링컨 씨는 정의, 인도人道의 왕이요, 평등, 자유의 신이요, 세계인의 모형이니 위인 중 위인인 링컨 씨의 전기를 일독하시오." 당시 책 광고는 책 내용을 소개하기보다는 주제나 저자의 중요성을 강조했으며, '일독하시오'라는 표현으로 마무리되는 경우가 많았다. 순진하면서 과장되고 어설퍼 보이기까지 하지만, 달리 생각하면 독자들이 꼭 읽어 보길 바라는 간절함이 깊다.

"거짓말한 문구를 적어서 처음 보는 사람으로 누구나 사 보고자 하는 마음이 나게 하는 일이 많은데, 사실 그 책을 사다가 보면 보는 사람이 무식하여서 그러한지 그다지 떠들어 광고할 책도 못 되는 것이 많으니, 이는 대체 어떠한 협잡 수단인가요?" 1922년 9월 27일 자 『동아일보』 '휴지통' 난에 소개된 독자의 목소리다. 다양한 매체에서 책을 광고하고, 홍보 마케팅 수단도 훨씬 더 새로워진 오늘날에는 과연 이런 목소리가 없을까? 책 광고에서도 거짓이 진실을 이길 수 없다.

대략 2010년대 이후로 신문에 책 광고가 실리는 일이 뜸해졌다. 매체 환경의 빠른 변화 때문이다. 종이신문의 위상은 예전 같지 않은 데다가 온라인 매체의 영향력이 커졌다. 온라인 서점의 득세도 한 요인이다. 온라인 서점을 통한 마케팅이 더 효과적이고 중요해진 것이다. SNS를 통한 마케팅도 빠르게 확산됐다.

광복절

1936년 세상을 떠난 심훈이 시 「그날이 오면」을 쓰며 그토록 기다
렸던 그날이 왔다. "그날이 오면 그날이 오며는 / 삼각산이 일어나
더덩실 춤이라도 추고 / 한강물이 뒤집혀 용솟음칠 그날이 / 이 목
숨이 끊치기 전에 와 주기만 하량이면". 1945년에 태어난 사람을
'해방둥이'라 일컫기도 한다. 해방둥이 작가로 소설가 최인호, 시
인 나태주와 이해인 등이 있다. 일본 오사카에서 태어난 김승옥
(1941년생), 중국 만주에서 태어난 황석영(1943년생)은 1945년
광복 이후 우리 땅을 처음 밟았다.

책과 문학작품에도 해방둥이가 있다. 광복 후 최초 시집은
1945년 9월에 나온 영문학자 이태환(1908~1974)의 시집 『조선
미』朝鮮美다. 12월에는 좌우 이념 차이를 뛰어넘어 정인보, 홍명희,
정지용, 김기림, 조지훈, 임화 등 문인 스물네 명의 시가 실린 『해
방기념시집』이 출간됐다. 홍명희가 수록 시 「눈물 섞인 노래」 첫
부분에서 외친다.

"독립만세 / 독립만세 / 천둥인 듯 / 산천이 다 울린다 / 지동
인 듯 / 땅덩이가 흔들린다 / 이것이 꿈인가? / 생시라도 꿈만 같
다 // 아이도 뛰며 만세 / 어른도 뛰며 만세 / 개 짖는 소리 닭 우는
소리까지 / 만세 만세".

문학평론가이자 소설가인 김남천은 1945년 10월 15일부터
이듬해 6월 28일까지 『자유신문』에 장편소설 「1945년 8·15」를
연재했다. 화가 이인성의 삽화와 함께 연재되다 중단된 이 작품

의 배경은 해방 직후 시기다. 연재 예고에 실린 작가의 말이 당시 혼란상을 증언한다. "남쪽·북쪽이 갈리고 정당이 45개나 생기고 네가 옳다 내가 옳다 떠들어 대고 도무지 어찌 된 일인지 머리가 뒤숭숭하다고 사람들은 곧잘 말한다."

해방둥이 출판사로는 1945년 12월 1일 창립된 을유문화사와 12월 25일 건국공론사建國公論社라는 이름으로 설립된 현암사가 대표적이다. 1945년 말까지 45개 출판사가 군정 당국에 새로 등록됐다. 광복 직후 종이는 일본인들이 버리고 간 조선양지배급주식회사 창고에 쌓인 것이 사실상 전부였다. 그나마 교과서와 신문용지로 먼저 배정되고 남은 종이가 출판사 몫이었다.

출판사들은 대부분 책에 '임시정가' 표시를 하고 도장으로 새 정가를 수시로 바꿔 찍었다. 종잇값이 며칠마다 크게 오르내렸기 때문이다. 인쇄용지 낱장 500매를 1연連이라 하는데, 당시 월 10만 연 정도가 필요했지만 남한 지역 17개 제지공장의 월 생산량은 5000연에 불과했다.

출판사 창업을 고민하던 정진숙(을유문화사 창업주, 1912~2008)에게 위당 정인보가 권고한 바가 그 시절 출판 정신을 증언한다. "36년간 일제에 빼앗겼던 우리 역사·문화 그리고 말과 글을 다시 소생시키는 데 36년이 더 걸릴 것이므로, 우리 문화를 되찾는 일을 하는 출판사업은 애국하는 길이자 민족문화의 밑거름이다." 광복은 우리네 말과 글, 문화, 그리고 책의 광복이기도 했다.

교과서

서양에서 교육학적 의미를 지닌 최초의 교과서는 체코의 교육사상가 요한 아모스 코메니우스Johann Amos Comenius(1592~1670)가 펴낸 『감각 세계의 그림』Orbis sensualium pictus(1658, 한국어판 제목은 '세계 최초의 그림교과서')이다. 다양한 사물과 상황을 묘사한 그림과 해설을 담고 있는 이 책은 '세계도회'世界圖繪로도 불리며 19세기 중반까지도 유럽 전역과 미국에서 널리 읽혔다. 독일 문호 괴테가 "이 책 외에는 어린 시절을 함께 보낼 만한 책이 없었다"고 말할 정도였다.

우리 역사에서는 조선 중중 때인 1541년 박세무가 편찬한 『동몽선습』童蒙先習이 대표적인 초등 교과서로 일컬어진다. 김안국, 민제인 등이 편찬했다는 설도 있는데, 여하간 서당에서 초보 학동들이 반드시 읽어야 하는 책이었다. 내용의 절반 이상은 한국사와 중국사여서 수신修身과 역사 과목을 겸했다고 할 수 있다.

이 땅 최초의 근대적 교과서는 갑오개혁 와중이던 1895년 발간된 『국민소학독본』國民小學讀本이다. 일본의 『고등소학독본』을 우리 실정에 맞게 개정한 책이지만, 1910년 일제 총독부에 의해 발매 금지당한 비운의 교과서이기도 하다. 광복 이후 첫 교과서는 미 군정청 학무국이 1946년 펴낸 『한글 첫걸음』과 국어독본, 공민, 국사, 음악, 습자, 지리 교과서였다.

대한민국의 첫 교과서는 1948년 6월에 나온 국정교과서 초등 47종, 중등 6종 등이다. 영이, 철수, 바둑이가 이때부터 등장했다. 초등 1학년 1학기 국어 교과서는 『바둑이와 철수(국어 1-1)』 였으니, 강아지 이름이 제목에 먼저 나오는 전무후무한 교과서일 듯하다. 책이 귀하던 시절 교과서는 많은 사람들이 처음 가져 보고 읽어 보는 책이었다. 더러워질세라 비료 포대를 다려 겉을 싸기도 했다.

'산골 작은 마을이어서 집에 책이 있을 리 없었다. 마을에서 교과서 외에 책을 본 기억이 없다.' 1948년생 김용택 시인의 회고다. "들에는 고운 꽃이 피어 있습니다. 정희는 꽃을 다섯 송이 꺾었습니다. 그중에서 두 송이는 동생을 주었습니다. 몇 송이 남았습니까?" 김용택 시인이 배웠을 1950년대 중후반 초등 2학년 산수 교과서 내용이다.

교과서는 교육 이상의 의미를 지닌다. 다음 세대에 전하려는 지식과 규범, 세계관을 체계적으로 정리한 내용이 담겨 있을 뿐만 아니라, 그 형식과 제도가 한 시대의 사회 현실을 반영하기 때문이다. "민주주의에서 국민은 그들의 수준에 맞는 정부를 갖는다"라는 프랑스 사상가 토크빌의 말에서 '정부'를 '교과서'로 바꿔도 뜻이 통한다.

우리나라는 대통령령으로 '교과용 도서에 관한 규정'을 두고 있다. 1997년 그 대상을 주된 교재 외에 보완 교재인 '음반·영상 저작물'까지 넓혔고, 2000년에는 전자저작물을 포함시켰다. 이어 2002년에는 매체의 유형이 '서책·음반·영상 및 전자저작물'로 확대됐다. 이러한 규정 변화는 교과서뿐만 아니라 책과 매체의 시대적 변화 과정까지 보여 준다.

구조

2003년 이라크 전쟁 당시 바스라의 중앙도서관에 이라크군 작전 본부가 들어섰다. 주요 폭격 지점이 될 것이 분명했다. 도서관장 알리아 무함마드 베이커는 장서를 자기 집으로 빼내기 시작했다. 극도의 혼란에 빠진 바스라에서는 약탈이 횡행했다. 알리아는 사람들을 모아 밤새워 친구의 레스토랑으로 책을 옮겼다. 다음 날 도서관은 불타 버렸다. 알리아와 친구들이 구해 낸 책은 3만 권에 달했고 희귀본도 많았다.

1941년 12월 7일, 미군 화물선 SS 프레지던트 해리슨호가 양 쯔강 하구에서 일본군 순시선의 공격을 받았다. 서지학자 첸춘쉰 錢存訓(1910~2015)은 발을 동동 굴렀다. 두 달 전부터 그는 미국 의회도서관에 도서를 매각하는 형식으로 고서 3만여 점을 나누어 선적해 보냈다. 화물선에는 12월 5일 마지막 선적한 상자들이 실려 있었다. 6개월 뒤 첸춘쉰은 고서가 도착했다는 소식을 들었다. 1965년 미국 정부는 고서를 대만으로 보냈다. 첸춘쉰은 1984년 대만 고궁박물원에서 고서를 확인하고 눈물을 흘렸다.

'한국 도서관의 아버지'로 불리는 박봉석은 해방 직후 우리 나라 직원들을 모아 일본이 총독부 도서관 장서를 가져가지 못하도록 지키고 시내 각 도서관 장서도 지켜 냈다. 문헌수집대를 조직하여 포스터와 전단을 비롯한 다양한 인쇄물을 모았고, 국립도서관 부관장에 취임했다. 그는 6·25전쟁 발발 후 자료를 지키기 위해 도서관에 머물다 납북되었다.

1950년 12월 10일 저녁, 『승정원일기』, 『비변사등록』, 『일성록』 등 규장각 서고의 고서들이 미군 트럭에 실려 서울역 근처로 옮겨졌다. 일부는 북한군이 북으로 가져가기 위해 새끼줄로 묶어 놓은 상태였다. 국립박물관과 국립도서관 주요 장서와 함께 화물열차에 실린 고서들은 일주일 걸려 부산에 도착했다. 이송을 책임진 규장각 부사서 백린(전 하버드대학교 옌칭도서관 사서, 1923~2015)은 부산에서 반년 넘도록 『승정원일기』가 담긴 궤짝 위에서 잠을 잤다.

부산 금정산 기슭에 부산기록관이 있다. 개관 직후 1985년 조선왕조실록 태백산사고본을 이전받은 뒤 보존 가치가 높은 국가적 기록물을 보존해 온 곳이다. 사정은 이렇다. 임진왜란으로 전주사고본을 제외한 모든 실록이 소실됐다. 다행히 전주사고본은 전주의 선비 안의와 손홍록이 내장산 등지를 전전하며 지켜 냈다. 전란이 끝난 뒤 이것을 가지고 실록을 복간했다. 태백산사고본은 그렇게 복간한 네 부 가운데 하나다.

6·25전쟁 당시 부산은 사람뿐 아니라 책의 피난지이기도 했다. 전란의 참화에서 책을 구해 내어 우리 문화를 보전한 이들을 떠올려 보게 되는 곳이 바로 부산이다. 구조救助라는 단어의 뜻은 재난에 빠져 곤경을 당한 사람을 구해 준다는 뜻이지만, '동물구조' 단체들이 많은 것으로 볼 때 그 단어를 반드시 사람에 대해서만 써야 하는 것은 아닌 것도 같다. 그렇다면 책에 대해서도 쓸 수 있을 것이다.

국가 지도자

버락 오바마 전 미국 대통령은 토니 모리슨, 도리스 레싱 같은 작가들의 작품을 읽으며 정체성 문제를 깊이 고민했다. 큰딸 말리아에게 전자책 단말기를 선물하면서는 레싱의 소설 『황금 노트북』을 담아 준 적도 있다. 그는 아우구스티누스, 니체 같은 철학자들의 책, 마틴 루서 킹 전기, 링컨 대통령에 관한 책도 즐겨 읽었지만 애독서 가운데 현대 문학의 비중이 크다는 점이 눈에 띈다. 그의 설득력 높은 대화와 연설 능력이 어디서 비롯했는지 짐작할 수 있다.

미국 역대 대통령 가운데 시어도어 루스벨트도 독서광으로 손꼽힌다. 그는 여행을 떠날 때도 50권 넘는 책을 챙겨 갈 정도였다. 애독서는 호메로스, 셰익스피어, 존 밀턴 등 주로 서양 고전문학이었다. 영국의 윈스턴 처칠은 청년 장교 시절부터 에드워드 기번의 『로마제국 쇠망사』를 탐독했다. 그가 시대의 흐름을 읽어내며 격조 높은 문장과 연설을 구사할 수 있었던 것도 역사서를 즐겨 읽었기 때문이라고 볼 수 있다. 국가 지도자들의 애독서 가운데는 역사 분야가 상대적으로 많다.

중국 개혁개방의 선도자 덩샤오핑은 마오쩌둥과 비슷하게 중국 역사책과 고전문학을 탐독했지만, 『사조영웅전』을 비롯한 작가 진융金庸의 소설을 각별히 좋아했다. 그는 진융과 만난 자리에서 "내가 당신 책을 읽었으니 우리는 친구"라 말하며 자신이 열광적인 팬임을 밝혔다. 덩샤오핑은 지도책도 무척이나 즐겨 보았다. 출장 갈 때도 중국 지도와 세계 전도를 챙겨 수시로 펼쳐 봤다. 국가 지도자에게 필요한 지정학적 식견과 감각을 갈고닦는 자기만의 방법이었는지도 모른다.

아베 신조 전 일본 총리의 애독서는 작가 후루카와 가오루古川薫의 『유혼록留魂錄의 세계』라 한다. 『유혼록』은 메이지유신의 정신적 지도자로 일컬어지는 요시다 쇼인吉田松陰이 남긴 유언서라 할 만한 문헌으로, 앞부분에 이런 문장이 나온다. "이내 몸은 비록 죽더라도 '일본 민족의 고유한 정신'大和魂만은 반드시 세상에 남길 것이다." 아베 전 총리가 "강한 일본을 되찾자"며 우경화와 군사대국화 방향을 취했던 것을 떠올리게 한다.

시급하고 중요한 국정 현안을 다뤄야 하는 국가 지도자들은 차분하게 책 읽을 시간이 부족할 것이다. 그럼에도 책을 가까이해야 하는 이유는 분명하다. 국정은 기술보다 지혜의 차원에서 접근해야 하기 때문이다. 버락 오바마 전 대통령은 퇴임을 나흘 앞둔 2017년 1월 16일 『뉴욕 타임스』와 가진 인터뷰에서 이렇게 말했다.

"오늘날 사건들은 늘 매우 빠르게 일어나고 진행된다. 정보는 너무 많아 넘쳐 난다. 이럴 때 독서는 차분하게 통찰할 수 있는 시간을 허락해 주며, 다른 사람의 관점에서 바라보고 이해할 수 있도록 도와준다. 책 읽는 습관이 나를 더 나은 대통령으로 만들어 주었다고 단언하기는 어렵겠지만, 지난 8년 동안 내면이 균형을 찾도록 해 준 것은 틀림없다."

군주

군주가 본격적으로 저술을 하기는 어렵다. 지식과 필력을 갖췄더라도 국정을 돌보느라 시간이 없는 탓이다. 철학자이기도 했던 로마제국의 마르쿠스 아우렐리우스 황제가 돋보이는 이유다. 그의 『명상록』은 동서고금을 통틀어 군주가 저술한 사실상 유일한 철학 고전으로 오늘날까지 널리 읽힌다. 아우렐리우스는 서문에 해당하는 첫 부분 끝에 이렇게 적었다. "그라누아 강변의 콰디족 사이에서 적다."

콰디족은 체코 모라비아 지방에 살던 게르만족의 한 부족이다. 아우렐리우스가 대체로 어떤 환경에서 『명상록』을 썼는지 짐작케 해 준다. 전선戰線의 막사가 그에게는 집필실이자 사색의 공간이었다. 이 밖에도 기원후 1세기의 클라우디우스 1세가 에트루리아와 카르타고의 역사를 썼고, 4세기 중반 율리아누스 황제는 철학과 종교에 관한 글을 썼다.

동로마 비잔틴제국의 콘스탄티누스 7세는 외교에 관한 『제국의 운영』, 궁정 예법과 의식을 기록한 『비잔틴 궁정 의식』, 비잔티움의 지방행정 제도인 '테마'에 관한 책 등을 집필했다. 중국에서는 아들 조비가 추존하여 사후에 위나라의 태조 무제武帝가 된 조조가, 『손자병법』의 핵심을 정리하여 해설한 『위무주손자』魏武註孫子를 남겼다. 조비도 시와 문학론을 저술하여 중국문학사에 이름을 올렸다.

청나라 강희제는 『성조인황제어제문집』聖祖仁皇帝御製文集을 남겼다. 그 뒤를 이은 옹정제는 만주족이 세운 청 제국의 정통성을 강조하기 위해, 자신이 내린 명령을 포함시킨 『대의각미록』大義覺迷錄을 직접 편찬하다시피 했다. 건륭제는 『청고종어제문집』淸高宗御製文集, 『청고종어제시집』淸高宗御製詩集, 『낙선당전집』樂善堂全集 등을 남겼다. 건륭제는 평생 4만 수 넘는 시를 지어 중국 역사상 '최다 작 시인'이라는 말도 듣지만, 시의 수준은 그저 그런 것으로 평가 된다. 중국의 마지막 황제였던 선통제 푸이溥儀는 영욕의 삶을 회 고한 『나의 전반생前半生』(1964)을 남겼다.

근대 유럽에서는 프로이센의 프리드리히 2세가 즉위 한 해 전인 1739년 『반反마키아벨리론』을 저술했다. 정치에서 도덕을 배제하고 권모술수의 필요성을 강조한 마키아벨리에 반대하면 서, 도덕적 군주를 강조하는 내용이다. 이 책은 프랑스 계몽사상 가 볼테르의 수정을 거쳐 1740년 익명으로 출간됐지만, 프리드리 히 2세의 저술이라는 사실이 곧 알려졌다. 프리드리히 2세는 현 실에서는 마키아벨리의 노선을 따랐다.

조선의 임금 중에는 정조가 유일하게 문집 『홍재전서』弘齋全書를 남겼다. 세종대왕은 『훈민정음』을 비롯한 여러 문헌의 사실 상 저자로 여겨진다. 세종은 탁월한 출판기획자이기도 했다. 역 사상 명군들은 꼭 자신의 저술이 아니더라도 많은 기록을 정리하 고 편찬하여 남기고자 했다. 떳떳하며 자신감이 크다는 뜻이다. 기록에 대한 태도로 민주공화국 시대 지도자들을 평가해 볼 수도 있을 것이다.

금서

영어 단어 'bowdlerize'는 글에서 야비하거나 불온한 부분을 삭제한다는 뜻이다. 여기서 파생된 'bowdlerism'(보들러리즘)은 남의 글이 제 맘에 들지 않는다고 고치거나 무단 삭제하는 행위를 말한다. 이 단어들의 어원은 사람 이름 토머스 '보들러'Thomas Bowdler(1754~1825)다. 1818년 그는 셰익스피어의 작품에서 외설적이라고 판단한 부분을 삭제하여 『가정판 셰익스피어』를 내놓고 이렇게 말했다. "미풍양속에서 벗어난 탓에 가정에서 소리 내어 읽기 곤란한 단어와 문장은 삭제해야 마땅하다."

문장 일부를 삭제하는 '가위질'에서 더 나아가 책의 출간·판매·열람·소지 등을 금하는 일, 즉 금서 조치를 당한 책들은 역사적으로 부지기수다. 제임스 조이스의 소설 『율리시즈』(1922)는 문예지 연재 도중 게재를 금지당했고 결국 미국이나 영국이 아닌 프랑스 파리에서 출간됐다. 이후에도 외설적이고 부도덕한 묘사가 있다는 이유로 미국과 영국에서 상당 기간 발행을 못 하게 되었다.

해리엇 비처 스토의 『톰 아저씨의 오두막』(1852)은 흑인 노예 일가의 비극적인 삶을 생생하게 묘사하여 큰 반향을 불러일으켰다. 출간 1년 만에 30만 부가 팔릴 정도로 반응이 뜨거웠다. 그러나 미국 남부 지역에서는 노예해방을 부추긴다는 이유로 불온시되며 판매가 금지됐고, 이 책을 읽거나 지니는 사람에게 위해를 가하는 일마저 일어났다. 남북전쟁 발발 후 링컨 대통령이 스토를 백악관에서 만난 일화는 유명하다.

프랑스 검찰은 샤를 보들레르의 시집 『악의 꽃』(1857)을 공공 풍기문란 혐의로 기소했다. 결국 시 여섯 편을 삭제해야 했고, 재고 도서는 압수당했으며 보들레르와 출판사 책임자는 벌금을 내야 했다. 초판이 이렇게 만신창이가 됐으나 보들레르는 4년 뒤 신작을 여럿 추가하고 구성과 배열을 바꾼 제2판을 냈다.

뜻밖의 금서도 있다. 마크 트웨인의 『허클베리 핀의 모험』(1885)은 오늘날 미국 내 일부 학교의 교과 과정에서 종종 배제되기도 하며, 공공도서관에서 열람 금지 도서로 지정되기도 한다. 흑인을 비하하는 표현인 '니거'Nigger(검둥이)가 200번 넘게 나온다는 것이 그 이유다. 인종주의에 민감하지 않을 수 없는 미국 사회의 단면이다.

이런 사례들을 보면 문학사란 '금서의 문학사'에 가깝다. 이른바 세계명작 가운데 상당수가 한때 금서였다. 검열과 금서는 책의 역사만큼이나 오래됐지만, 서평가 이현우의 말처럼 "우리가 너나없이 자유로운 인간이고 싶어 한다면, '책을 읽을 자유'는 자유의 최소한이다". 존 밀턴(1608~1674)은 『아레오파기티카』에서 다음과 같이 말한다.

"검열이라는 교묘한 계획이 어떻게 해서 수많은 헛되고 불가능한 시도들 중의 하나로 여겨지지 않는지 설명할 길이 없습니다. 검열을 시행하려는 이는 공원 문을 닫아 까마귀를 들어오지 못하게 하려는 무모한 자와 다를 것이 별로 없습니다."

기념일

1995년 제28차 유네스코 총회에서 4월 23일이 '세계 책과 저작권의 날'로 제정됐다. 4월 23일은 스페인 카탈루냐 지방에서 책 사는 이에게 꽃을 선물했던 '산 조르디(성 게오르기우스) 축일'이자, 문호 셰익스피어와 세르반테스가 1616년 세상을 떠난 날이기도 하다. 제정 결의안에서는 이렇게 말한다. "책은 인류의 지식을 가장 효과적으로 전달하며 보존해 왔다. 책 보급은 문화 전통에 대한 인식을 발전시키고 이해, 관용, 대화에 바탕을 둔 행동을 진작시킨다."

덧붙이자면 세르반테스는 스페인 마드리드에서 그레고리력 1616년 4월 23일 토요일에 사망했고, 셰익스피어는 영국 워릭셔 스트랫퍼드어폰에이번에서 옛 율리우스력 1616년 4월 23일 화요일, 즉 그레고리력으로는 5월 3일에 사망했다. 요컨대 실제로 두 사람의 사망일은 열흘 정도 차이가 난다. 그러니 '같은 날'은 아니고 '같은 날짜'라고 하는 게 정확하다.

'세계 번역의 날'도 있다. 4세기 후반과 5세기 초 성서 번역과 연구에 일생을 바친 성 히에로니무스의 축일인 9월 30일을 택하여, 1991년 세계번역가연맹이 제정한 날이다. 이후 2017년 5월 24일 유엔 총회에서 9월 30일을 '세계 번역의 날'로 정하는 결의안이 통과됐다. 성 히에로니무스는 번역가·서적상·사서 등의 수호성인으로 일컬어진다.

미국의 '책 읽는 날'Read Across America Day은 3월 2일이다. 이

날은 미국 초등학생들이 가장 즐겨 읽는 『초록 달걀과 햄』(1960)의 작가 '닥터 수스'(본명은 시어도어 수스 가이젤)가 태어난 날이기도 하다. 미국교육협회가 주관하여 1997년부터 시작된 '책 읽는 날'에는 미국 전역 학교에서 독서 관련 행사가 자율적으로 열린다. 어린이들이 책 읽는 즐거움을 느끼며 책과 가까워지도록 하자는 취지다.

우리나라에는 대한출판문화협회가 팔만대장경 완간일을 택해 제정한 10월 11일 '책의 날'이 있다. 대한인쇄문화협회 제정 '인쇄문화의 날'은 한글금속활자로 『석보상절』釋譜詳節을 인쇄한 1447년 9월 14일(음력 7월 25일)을 따랐다. 2016년에는 한국서점조합연합회가 서점에 진열된 책 모양을 떠올릴 수 있는 11월 11일을 '서점의 날'로 선포했다. 2017년에는 제지업계가 6월 16일 '종이의 날'을 지정했다. 현대식 초지기抄紙機로 국내에서 처음 종이가 양산된 날인 1902년 6월 16일을 기념한 것이다.

'하루라도 책을 읽지 않으면 입안에 가시가 돋는다'는 뜻의 유묵을 남긴 안중근 의사에게는 매일매일이 책의 날이었을 것이다. '2019년 국민 독서 실태 조사'에 따르면, 종이책과 전자책을 합친 우리나라 성인 연간 평균 독서량은 7.5권으로, 2017년의 9.4권보다 1.9권 줄어들었다. 연간 성인 독서율 또한 55.7퍼센트로 역대 최저를 기록했다. 독서율은 1년간 교과서·학습참고서·수험서·잡지·만화 등을 제외한 일반 도서를 한 권 이상 읽은 사람의 비율을 뜻한다. 그러니까 우리나라 성인 가운데 절반 가까운 사람들이 1년에 책을 한 권도 읽지 않는다는 얘기다.

기벽

『오페라의 유령』으로 유명한 작가 가스통 르루는 소음을 극도로 싫어했다. 가족들은 그가 집필하는 동안 일종의 묵언수행을 해야 했다. 그런 르루는 작품 한 편을 마무리지으면 창문 바깥 허공을 향해 총을 쏘곤 했다. 독일 극작가 프리드리히 실러는 썩은 사과를 서랍에 넣어 두고 글이 막힐 때마다 그 냄새를 맡았다고 한다.

『삼총사』를 쓴 알렉상드르 뒤마는, 규칙적인 생활 습관을 들이고 싶어 아침 7시 파리의 개선문 아래로 가서 사과를 먹었다. 뒤마는 종이 색에 민감해서 산문은 장밋빛, 소설은 파란색, 시는 노란색 종이에 썼다. 사용한 연필 개수로 자신이 얼마나 썼는지 가늠했던 어니스트 헤밍웨이는 연필심을 강박적으로 뾰족하게 깎곤 했다. 그에게 이 행위는 정신을 날카롭게 벼리는 의식이었을지 모른다.

"급히 부탁 말씀 드리려 펜을 듭니다. 사실은 이곳에서 룰렛으로 돈을 몽땅 잃었습니다." 1863년 9월 독일 바덴바덴의 카지노에서 빈털터리가 된 도스토옙스키가 급전을 부탁하며 쓴 편지다. 도박 빚에 시달리던 그는 출판사와 계약하며 선금을 받아 빚을 갚았다. 마감을 못 지키면 앞으로 모든 작품의 저작권을 출판사가 가진다는 조건이었다. 마감일이 다가오자 그는 27일 만에 중편 『노름꾼』(1866)을 완성했다.

"방 안에는 연기가 자욱하게 깔려 있었다. 천식으로 시달리고 있기 때문에 가끔 훈연제를 태운다는 사실을 알고 있긴 했으나 이토록 지독한 운무이리라고는 예상하지 못했다. 더욱 충격적인 것은 일체의 소리가 스며들지 못하게 막아 놓은 코르크 벽이었다." 마르셀 프루스트를 돌봤던 셀레스트 알바레가 프루스트의 집필실에 처음 발 들여놓을 때 받은 인상이다.

1934년생 김관식은 당대 최고의 권위를 지닌 평론가 조연현(1920년생)과 백철(1908년생)에게 반말을 했다. 문학상 시상식에서 축사를 길게 하던 박종화(1901년생)에게는 "박 군, 이제 그만 내려오지"라고 말했다는 전설이 전해진다. 그런 그가 후배 문인들에게는 예의를 갖추며 존칭을 썼고 배려를 아끼지 않았다. 세속의 권위나 나이 차이에 얽매이지 않는 자유로움과 호방함이 전통적인 문사文士의 기개와 닮았다.

거리에서 만나는 문인과 편집자들에게 손을 내밀던 천상병 시인의 '술값 모금' 원칙은 분명했다. 아는 사람에게만 달라 하고 정한 액수 이상은 받지 않으며, 상대방의 형편과 결혼 여부에 따라 액수에 차등을 두는 것이었다.

예술가적 치기와 낭만으로 이해할 수 있는 기벽도 있다. 자유를 먹어야 숨 쉴 수 있는 게 예술혼이라면, 우리가 일반적으로 생각하는 자유의 한계보다 반걸음 정도 잠시 넘어서는 것까지는 보아줄 수 있을지 모른다. 그러나 반사회적 일탈이나 범법으로까지 흐를 수 있는 행동이 상습화된 경우라면 이해받을 수도 용납될 수도 없다. 인간이 있고 예술이 있다. 그 반대는 아니다.

기록 재료

명수죽백 名垂竹帛. '이름을 죽백에 드리운다', 즉 탁월한 업적으로 후세에 이름을 남긴다는 뜻이다. 죽백은 글을 기록하는 데 사용한 죽간과 비단이다. 대나무의 퍼런 껍질을 긁어낸 뒤 수액을 없애고 해충을 방지하기 위해 불에 쬔 다음 쪼개어 죽간을 만들었다. 비단에 쓴 백서는 1801년 황사영이 천주교 신앙의 자유를 찾기 위해 베이징 주교에게 써서 보내려 했던 '황사영 백서'가 우리 역사에서 유명하다.

황해도 구월산에는 9세기 초에 창건된 패엽사 貝葉寺가 있다. 신라 말기 서역에서 수행하고 돌아온 한 승려가 이곳에 패엽경을 보관했다는 얘기가 전해진다. 패엽경은 팔미라야자를 비롯한 야자나무 잎을 말리고 찌고 삶아 건조한 뒤 송곳으로 긁어 문자를 새긴 불경이다. 패엽의 '패'는 산스크리트어에서 잎을 뜻하는 파트라를 음역한 패다라 貝多羅에서 따왔다. 초기 불경은 주로 패엽에 기록되었다.

이집트의 지중해 연안 습지에서 주로 채취된 파피루스는 종이를 뜻하는 영어 단어 'paper'(페이퍼)의 어원이다. 파피루스 줄기의 속대를 얇게 벗겨 가로세로로 겹쳐 놓고 물에 적셔 두드린 뒤 뼈나 조개껍데기로 문지르고 햇볕에 말린다. 파피루스는 이집트에서 유럽으로 많이 수출됐으나 종이가 보급되면서 12세기 이후 그 사용이 급감했다. 기록을 위한 재료로는 식물뿐 아니라 동물도 쓰였다. 양·염소·소 등의 가죽을 가공한 양피지 위에 글자를 쓰기도 했고, 거북의 배딱지나 소의 견갑골에 글자를 새긴 갑골문도 전해진다.

동식물 외에 돌이 재료가 되기도 했다. 기원전 18세기 석비에 새겨진 '함무라비 법전'이 유명하다. 중국에는 유교 경서를 새긴 석경이 많았다. 경서 12종 65만여 자를 114개 비석에 새긴 당나라의 개성석경開成石經이 대표적이다. 금속도 기록 재료였다. 익산 미륵사지 석탑에서 발견된 백제의 '금제사리봉안기'는 금판 양면에 글자를 음각하고 주칠朱漆을 입혔다. 고대 중국의 의례용 청동 솥인 정鼎은 명문銘文이 새겨진 것들이 많다.

고대 메소포타미아에서 널리 쓰인 점토판, 나무껍질 안쪽 면, 도자기(도문陶文), 옥판(옥책玉冊), 목판에 입힌 밀랍에 글자를 새겨 쓰는 밀랍서판. 이렇게 역사적으로 기록 재료는 다양했지만 사실상 종이로 통일됐다. 천연 펄프로 종이 1톤을 만드는 데 나무 24그루, 에너지 9671킬로와트시, 물 8만 6503리터가 사용되며 이산화탄소 2541킬로그램, 폐기물 872킬로그램이 발생한다고 한다.

21세기부터는 디지털 파일이 대세다. 기록 재료의 '아날로그 시대' 위에 '디지털 시대'가 펼쳐지고 있다. 종이 생산에 드는 자원과 파생되는 배출물을 감안하면 A4 용지 한 장이라도 덜 써야 할 것 같지만, 오랜 습관을 고치기가 쉽지 않다. 노트북 화면으로 보다가도 결국은 프린터로 출력하여 읽게 된다. 멀지 않은 장래에 어떤 작가를 기리는 문학관에서는, 작가의 육필 원고가 없으니 원고 파일을 모니터에 띄워 전시하게 될지 모른다.

노벨 문학상

"구주歐洲에는 소위 노벨상금이라는 것이 있어 매년 문학적 대작을 내놓은 한 사람에게 8만 원의 상금을 수여한다 한다. 재작년엔 인도 시인 타고르가 이 상을 받았으니 이것이 동양인에게 노벨상의 효시이다." 춘원 이광수가 1916년 『매일신보』에 연재한 「문학이란 하何오」 중 11월 21일 자 기고문의 일부로, 우리나라에 노벨 문학상을 소개한 사실상 최초의 글이다.

타고르는 1913년 노벨 문학상을 받았지만, 이듬해엔 제1차 세계대전 탓에 수상자가 없었기에 춘원이 '재작년'이라 표현한 듯하다. 노벨 문학상 소식 가운데 우리나라에서 역대 최고의 관심을 모은 것은 1968년 가와바타 야스나리의 수상 소식이다. 다른 나라가 아닌 일본 작가였으니 질투 섞인 부러움이 자못 컸다.

가와바타의 수상이 '일본문학을 체계적으로 세계에 소개하는 데 진력해 온 도널드 킨 등 외국인 번역문학가의 노력에 크게 힘입은 것'이라는 진단, '정부가 올림픽을 위해서는 몇 억 원씩 쏟으면서 학문, 예술에 대해선 인색하다'는 지적 등이 이어졌다. 문학평론가 김치수는 가와바타의 작품 세계가 갖는 한계를 지적하면서, 그의 대표작 『설국』이 날림으로 번역되어 10여 종 이상 출간된 우리 현실을 꼬집기도 했다.

그런 가운데 우리 문학을 해외에 소개해야 한다는 여론이 커졌다. 다만 현실은 녹록지 않았다. 모 출판사가 우리 고전 50권과 함께 현대 작품들도 영문으로 번역하겠다는 구상을 밝혔지만 실현되진 못했다. '한국문학의 해외 진출' 명목으로 문화공보부가 1969년 책정한 예산 600만 원도 이런 종류의 예산으로는 사상 처음이었으나 용두사미가 됐다. 국제펜클럽 한국본부가 추진한 주요 작가 영역英譯 선집 출간 사업도 지지부진했다.

타고르와 가와바타 이후 동양인으로는 일본의 오에 겐자부로와 중국의 모옌이 각각 1994년과 2012년 노벨 문학상을 수상했다. 2000년에는 중국계 프랑스인 가오싱젠, 2017년에는 일본계 영국인 가즈오 이시구로가 수상했지만 이들의 작가적 정체성을 동양인으로 보긴 어렵다. 한강이 쓰고 데버러 스미스가 옮긴 *The Vegetarian*(『채식주의자』 영역판)이 2016년 맨부커상 인터내셔널 부문에서 수상한 것을 계기로 이런 질문이 다시 활발해졌다. '우리나라 작가는 언제쯤?'

재미 작가이자 언론인인 현웅(피터 현)의 글 「노벨 문학상 언제나 타게 되나」(『동아일보』 1982. 9. 18)에 오래된 답이 나온다. "중국문학이나 일본문학은 (……) 훌륭한 번역가를 가지고 있었지만 일반적으로 한국의 번역 작품들은 서툰 번역으로 그 문학적 가치가 훼손을 당하고 있다. 좋은 번역가를 발굴해서 번역 작업을 본격화해야 할 것 같다. (……) 일시적인 노벨 문학상 열병에 휩쓸리지 말고 정당한 절차를 통해서 해외의 독자들에게 읽혀져야 한다."

평론가 김우창 고려대 명예교수의 인터뷰 발언도 오랜 답을 제시한다. "노벨 문학상은 그걸 받겠다고 운동해서 되는 건 아닙니다. 자기중심이 있으면서도, 보편성이 있는 작가들이 우리 문학계에 많을수록 그 상을 받을 가능성이 높아집니다."

다작과 과작

일본 작가 마쓰모토 세이초(1909~1992)의 전집은 66권이지만, 사실은 그의 원고를 다 담지 못한 선집이라는 말을 듣는다. 그만큼 작가가 다작했다는 뜻이다. 보조원까지 두고 매일 400자 원고지 40~80매를 집필한 그의 별명은 '인간 타자기'였다. 그는 손에 경련 증세가 온 다음에도 구술하여 받아 적게 한 뒤 나중에 직접 고치는 방식으로 작업을 이어 갔다. 소설 장편만 100편, 중·단편은 약 350편이다.

영국 작가 에드거 월리스(1875~1932)는 서른 살부터 27년 동안 장편만 170권 넘게 발표했다. 초기 축음기인 왁스실린더에 구술 녹음한 뒤 비서에게 타이핑을 맡기는 방식으로 작품 하나를 이틀 만에 탈고할 때도 있었다. 전화를 받은 비서가 '월리스 씨는 한창 집필 중'이라고 답하자, 상대방이 '월리스 씨가 탈고할 때까지 전화 끊지 않고 기다리겠다'고 말했다는 일화마저 있다.

『삼총사』, 『몬테크리스토 백작』 등으로 유명한 알렉상드르 뒤마는 소설·여행기·수기 등 257편과 희곡 25편을 발표했다. 조병화는 시집 52권을 냈다. 2015년에 열린 '김윤식 저서 특별전'에는 국문학자 김윤식의 저서 147종이 전시되었다. "자신의 저서를 사서 공부하지 않아도 되는 그가 부럽다"는 얘기가 국문학계에 떠돌기도 했다.

스티븐 킹은 1973년 첫 작품을 내놓은 이후 장편 60여 편, 단편 200여 편을 발표했다. 그런 스티븐 킹이 "형편없지만 성공한 작가"라고 혹평한 작가 제임스 패터슨의 작품은 전 세계적으로 3억 부가량 판매되었고, 가장 많은 수입을 올리는 작가 반열에 든다. 패터슨은 1976년 이후 수백 권을 펴냈다. '수백 권'이라고 쓴 것은 패터슨 서지 목록의 수를 세다가 포기했기 때문이다. 다만 패터슨은 공동 작업을 많이 한다.

전설적인 다작의 반대편에는 역시 전설적인 과작寡作이 있다. 마거릿 미첼은 『바람과 함께 사라지다』가 유일한 발표작이다.'『앵무새 죽이기』의 작가 하퍼 리도 마찬가지였으나 세상을 떠나기 7개월 전 『파수꾼』이 출간됐다. 이른 나이에 세상을 떠나 과작이 된 경우로 생전에 시집 한 권, 희곡 한 편, 소설 『육체의 악마』를 발표한 프랑스 작가 레몽 라디게(1903~1923)가 있다. 우리나라 작가로는 각각 유고시집 『하늘과 바람과 별과 시』, 『입 속의 검은 입』이 나온 윤동주와 기형도가 있다.

다작과 과작은 어느 쪽이 좋고 나쁘다 말하기 어렵다. 작가 김연수의 말에 단서가 있다. "얼마큼 많이 썼느냐가 아니라 소설을 생각하며 세 시간을 보냈느냐 아니냐로 글쓰기를 판단하니 결과적으로 나는 매일 소설을 쓰는 사람이 됐다." 늘 작품을 생각하며 꾸준히 쓰는 게 관건이다. 과작인 작가도 미발표 원고가 많은 경우가 대부분이다. 올림픽 육상 100미터 경기에서 짧은 9초대 질주를 하기 위해 선수들은 4년간 꾸준히 달린다.

달력

해마다 설 즈음 사람들이 많이 찾던 옅은 주홍색 장정의 얇은 책이 있다. 2022년이라면 '임인년 대한민력'이라는 제목을 달고 있을 것이다. 엄연히 국제표준도서번호ISBN가 부여된 단행본이다. 1990년대까지만 해도 『운전면허 학과시험문제집』과 함께 숨은 베스트셀러였지만 지금은 판매가 신통치 않다. 『대한민력』大韓民曆은 책력冊曆, 즉 음력 기준으로 한 해의 육십갑자 월일과 절기 등을 정리한 달력의 일종이다.

책력은 음양오행과 풍수 방위에 따른 간단한 길흉 지침도 담고 있어 점치는 책 역할도 했다. 1911년부터는 일제 당국이 일본의 축일祝日과 농사 절기 등을 추가한 『조선민력』朝鮮民曆을 펴냈다. 조선의 마지막 달력은 1910년 『대한융희사년력』大韓隆熙四年曆이다. 달력을 통제하는 이가 시간과 삶을 지배한다는 것을 이정모의 『달력과 권력』이라는 책 제목이 말해 준다.

농업 생산이 경제활동의 핵심이었던 옛날로 거슬러 올라갈수록 천체의 운행 주기를 측정·계산하여 만드는 달력은 단순한 일정표를 뛰어넘는 막대한 중요성을 지닌다. 왕조국가 시대 달력은 왕조와 국가의 안위를 내다보기 위한 점성적占星的 성격을 지닌 것으로도 중시되었다. 어떤 군주와 국가가 하늘의 질서를 보다 잘 파악한다는 것은 권력과 정치적 정당성을 튼튼하게 확보하고 있음을 뜻하기도 했다. 세종대왕의 천문기상학 발전에 대한 노력도 이런 맥락에서 이해할 수 있다.

사마천의 『사기』史記에는 「역서」曆書가 있고 반고의 『한서』漢書에는 「율력지」律曆志가 있다. 역사서에 달력이 포함된 이유는 하늘의 일과 인간의 일이 상응하여 통한다고 보았기 때문이다. 천문은 곧 인문人文이었다. 우리 문화재로 지정된 책력으로 보물 제160-10호 『유성룡비망기입대통력』柳成龍備忘記入大統曆이 있다. 유성룡이 당시 중요한 사실들을 '대통력'이라는 책력에 적어 둔 것이다.

서양의 대표적인 달력 문화유산은 15세기 초 부르고뉴공국의 랭부르 형제가 만든 『베리 공작의 호화로운 기도서』다. 계절별자리, 날짜, 해와 달의 변하는 모습 등과 함께 시간과 계절에 맞는 기도문을 싣고 채색 삽화를 담았다. 벤저민 프랭클린이 1732~1757년에 펴낸 『가난한 리처드의 달력』에는 여백에 금언이 실려 있다. "사소한 말 한마디에도 책임을 져야 하듯이, 불필요한 침묵에도 책임을 져야 한다." "자신을 가장 많이 속인 사람은 자기 자신이다."

조지훈의 수필 「원단元旦 유감 — 캘린더의 첫 장을 바라보며」가 세월과 세상사에 관한 큰 울림을 준다. "동지는 가고 새해는 왔으나 겨울은 아직 다 가지 않았고 봄은 먼 곳에서 보일 듯 말 듯 모르겠다. 얼음장 밑으로 흐르는 물, 흙덩이 밑의 새싹을 그저 느껴서 알 뿐이다. (……) 낡은 것과 싸우는 동안에 새것도 그대로 낡아 간다. 의義도 권력과 결부되면 불의를 닮아 간다."

대통령

영국 총리를 지낸 윈스턴 처칠은 에세이와 시사평론, 소설, 전기, 회고록, 역사서 등을 집필한 작가이기도 했다. 여섯 권 분량의 회고록 『제2차 세계대전』(1948~1953)이 그의 대표작이다. 이 책으로 처칠은 "전기와 역사서에서 보여 준 탁월함과 인간적 가치를 수호하기 위해 행한 훌륭한 연설"이라는 평을 받으며 1953년 노벨 문학상을 수상했다. 닉슨 전 미국 대통령의 『닉슨 회고록』(1978)은 자신이 물러난 이유인 워터게이트 사건과 재임 중 추진한 정책 등을 자세히 서술하여 큰 주목을 받았다.

미국 대통령들은 퇴임 후 대부분 회고록을 펴내고 강연을 다니면서 제법 큰돈을 번다. 이례적인 경우로 전 영부인 미셸 오바마의 자서전 『비커밍』(2018)이 거둔 큰 성공이 있다. 우리나라에서는 이희호 자서전 『동행』과 이순자 자서전 『당신은 외롭지 않다』가 각각 2008년과 2017년에 나왔다.

우리나라 역대 대통령들도 대부분 저서를 남겼다. 이승만 전 대통령의 대표작은 『독립정신』이다. 1904년 한성감옥에서 수감 중 집필하여 1910년 미국 로스앤젤레스에서 출간했다. 윤보선 전 대통령은 회고록 『구국救國의 가시밭길』(1967)에서 5·16군사정변 이후 자신의 청와대 생활을 이렇게 토로했다. "그보다 더 불안하고 부자연한 생활이 없었다. 어떻게 해서든지 하루 바삐 집으로 돌아가는 것이 내 소원이었다."

장면 전 총리는 천주교 조선교구 설정 100주년이던 1931년에 최초의 한글 교회사 개설서로 평가받는『조선천주공교회약사』朝鮮天主公敎會略史를 저술했으며, 회고록『한 알의 밀이 죽지 않고는』(1967)과 가톨릭 관련 저서 및 번역서를 여럿 남겼다. 김대중 전 대통령은『김대중 씨의 대중경제 100문 100답』(1971),『대중경제론』(1986, 영문판 1985),『대중 참여 경제론』(1997) 등으로 시대 변화에 맞추어 자신의 경제 구상을 밝혔다.

저서 15종을 남긴 김영삼 전 대통령의 첫 저작은『우리가 기댈 언덕은 없다』(1964)였다. 미국 국무성 초청으로 1964년 6월부터 두 달간 미국을 시찰하고, 이후 한 달간 유럽과 아시아 각국을 돌아보며 쓴 글을 당시『국제신문』정치부장 박권흠이 정리한 것이다. 김영삼과 김대중, 두 전 대통령은『김영삼 회고록』(2000)과『김대중 자서전』(2010)을 남겼으며 그 밖에 역대 대통령 저작으로『박정희 대통령 선집』,『전두환 회고록』,『노태우 회고록』, 노무현 전 대통령 유고 자서전『운명이다』, 이명박 전 대통령의『대통령의 시간』등이 있다.

역대 대통령의 저서, 특히 회고록에 대한 평가는 다양하지만 객관성이나 진실성 측면에서 신뢰할 만한 사료적 가치를 지닌 책은 찾기 어렵다는 게 중론이다. 조선의 국정기록인 조선왕조실록과『승정원일기』,『일성록』등이 세계기록유산에 오른 것에 비교한다면 지나친 일일까.

대학출판부

해마다 열리는 서울국제도서전에 갈 때마다 사단법인 한국대학
출판협회가 주관하여 대학출판부들이 공동으로 연 부스를 꼭 찾
는다. '아! 이런 책도 펴냈구나' 생각하면서 큰 에코백 가득히 책
을 담곤 한다. 대학출판부는 아무래도 일반적인 출판사보다 홍
보·마케팅 측면에서 불리하다. 좋은 책을 적극적으로 알리기 힘
든 여건이다. 그래서 서울국제도서전의 대학출판부 부스가 내게
는 알려지지 않은 좋은 책과 만날 수 있는 기회를 마련해 준다.

　우리나라의 첫 대학출판부는 1949년 11월 문을 연 이화여자
대학교출판부(현 이화여자대학교출판문화원)다. 첫 출판물은
1950년 4월에 펴낸 『이화』梨花 제9호인데, 1938년 제8호로 중단
되었던 교지다. 이후 이곳은 학보와 교내용 비매품 도서 등을 펴
내다가 1954년 시인이자 국문과 교수 김동명의 시집 『진주만』을
출간하면서 본격적으로 단행본 출판을 시작했다. 김동명은 이 시
집으로 이듬해 제2회 아시아자유문학상을 수상했다.

　일제강점기인 1929년 연희전문학교출판부(현 연세대학교
대학출판문화원)가 설립되었다. 한글학자 외솔 최현배가 설립
을 이끌고 초대 출판부장을 맡았다. 첫 책은 같은 해 4월에 나온
최현배의 『우리말본 첫재매』였다. 소리갈(음성학)을 다룬 이 책
의 내용에 씨갈(품사론)과 월갈(문장론)을 더하여 1937년 2월
역시 연희전문학교출판부에서 『우리말본』이 나왔다. 외솔은 출
근할 때마다 아내에게 "집에 불이 나면 이 원고부터 옮겨라" 당부

했고, 원고를 독에 넣어 마당에 묻어 놓기까지 했다.

서울대학교출판부(현 서울대학교출판문화원)는 1961년 교내 인쇄소로 출발하여 1975년부터 출판 부문을 겸했다. 대학에 인쇄소를 둘 수 있었던 것은 미국 미네소타대학교와 국제협조처 ICA 등이 서울대학교 재건 계획과 원조에 나선 덕분이었다. 서울대학교출판부는 1998년까지도 일부 출판물을 활판인쇄로 간행했다. 그해 5월 말에 우리말과 7개 외국어 4만 2000여 종, 특수기호 3000여 종 등 활자 수십만 개가 출판부에서 공업용 제련소로 옮겨지면서 우리나라의 활판인쇄 시대가 막을 내렸다.

세계로 시야를 넓혀 보면 케임브리지대학교 출판부는 1534년 국왕 헨리 8세가 특허장을 내리면서 시작되었다. 특허장에는 "나의 영토 모든 곳에 학문과 지식을 전파하라"는 명령이 들어 있었다. 이곳은 세계에서 현존하는 가장 오래된 출판사로 일컬어지며, 옥스퍼드대학교 출판부와 함께 영국 왕실문헌 공식 인쇄처이기도 하다. 존 밀턴, 윌리엄 하비, 아이작 뉴턴, 버트런드 러셀, 스티븐 호킹 등 근현대 문학·철학·과학 분야 저명 저자들의 책을 많이 펴냈다.

학문적으로나 문화적으로나 우리 사회에 꼭 필요하지만 상업성이 없어 펴내기 어려운 책이 많다. 우리나라의 많은 대학출판부들이 그런 책을 꾸준히 펴내며 묵묵히 사회에 기여해 왔다. 대학출판부라고 하면 학술도서와 대학 강의 교재를 떠올리는 이들이 많겠지만, 목록을 살피면 일반 독자가 읽을 만한 좋은 책도 적지 않다.

대화와 토론

플라톤은 스승 소크라테스를 화자로 등장시켜 대화편 35편을 저술했다. 각 대화편마다 여러 등장인물이 사랑, 영혼, 정의, 진리, 인식, 덕, 법, 우주 등 중요한 주제를 토론한다. 서양철학과 그 텍스트의 출발은 이렇듯 대화였다. 일방적 주장이나 선언이 아니라 대화와 토론으로 함께 진리를 찾고자 했던 것이다.

『논어』도 질문과 대답이 이어지는 대화체가 주를 이룬다는 점에서 공자와 그 제자들의 대화록이기도 하다. 중국 한나라의 대화체 문헌으로 기원전 1세기에 환관桓寬이 편찬한 『염철론』鹽鐵論이 있다. 이 책에선 소금과 철의 전매를 비롯한 국가 재정·경제 정책과 국정 방향을 놓고 토론 쌍방이 치열하게 공방을 주고받는다.

조선에도 문답 대화체 형식의 글이 많았다. 정도전의 「심문천답」心問天答은 불교의 인과응보에 대해 마음이 묻고 하늘이 답하는 형식으로 서술한다. 율곡 이이는 왕도 정치의 이상을 문답 형식으로 서술한 「동호문답」東湖問答을 선조 임금에게 올렸다. 홍대용의 「의산문답」醫山問答에서는 전통적인 학자 허자虛子와 서양 학문을 수용한 학자 실옹實翁이 문답을 주고받는다.

가상인물들이 등장하여 토론하는 책도 드물지 않다. 명나라에서 활동한 가톨릭 신부 마테오 리치의 『천주실의』天主實義(1603)에서는 서양 학자 서사西士와 중국 학자 중사中士가 토론한다. 갈릴레오 갈릴레이의 『두 가지 주요 우주 체계에 대한 대화』

(1632)에는 세 사람이 등장한다. 보통 사람을 대표하며 사회자 역할을 하는 사그레도, 지동설을 옹호하는 살비아티, 천동설을 지지하는 심플리치오다.

일본의 정치사상가 나카에 조민이 쓴 『삼취인경륜문답』三醉人經綸問答에서는, 양학신사洋學紳士와 동양호걸군東洋豪傑君이 남해선생南海先生을 방문하여 술 마시며 19세기 세계정세와 일본의 진로를 논한다. 대화체로 쓰인 책을 읽을 때는 여간 주의를 집중하지 않으면 대화의 흐름이나 토론의 논지를 놓치기 쉽다. 다른 일반적인 책을 읽을 때보다 힘이 더 들기 마련이다.

온라인 대화방이나 댓글로 이뤄지는 대화와 토론이 성행한다지만, 각자의 주장을 일방적으로 펼치거나 감정적 말싸움으로 치닫곤 한다. 방송의 시사토론 프로그램들도 출연자 각자의 독백으로 가득하다. 긴 호흡으로 깊고 치밀하게 이어지는 대화 형식의 책이 그리운 이유다.

러시아의 철학자 미하일 바흐친이 말한다. "의식은 대화적인 본성을 지니며, 인간의 삶 자체도 대화적인 본성을 지닌다. 인간의 진정한 삶에 유일하게 적절한 언어적 표현 형식은 완결되지 않는 대화이다. 삶은 본성상 대화적이다. 산다는 것은 대화에 참여한다는 것을 의미한다. 묻고 귀를 기울이고 대답하고 동의하고 하는 등등이 그것이다."

도둑

"이 책을 훔치거나 빌렸다가 돌려주지 않는 자의 손에서 책은 뱀으로 변해 그를 갈기갈기 찢어 놓으리라." 중세 스페인 바르셀로나의 산 페드로 수도원 도서관의 책에 붙어 있던 도난방지용 글귀다. 책 절도의 동기는 다양하다. 미국의 스티븐 블룸버그는 도서관이 일반에 공개하지 않는 책들을 해방시킨다는 망상에 사로잡혀, 1960년대 말부터 20여 년 동안 미국과 캐나다의 268개 도서관에서 2만 3600여 권을 훔쳐 냈다.

우리 돈 약 55억 원 가치에 달하는 이 특별한 장물을 그는 팔지 않고 보관했다. 1990년 체포되어 5년 11개월 징역형과 20만 달러 벌금형 선고를 받고 복역했지만, 출소 후에도 여러 번 같은 혐의로 체포되었다. 변호인은 블룸버그의 정신이상을 주장했으나 이는 받아들여지지 않았다.

열아홉 살 때부터 30년간 유럽 각지 서점, 도서관, 박물관, 교회 등에서 5만 2000권을 훔친 영국의 덩컨 제번스도 전설적인 책도둑이다. 1993년 그가 체포된 뒤 4만여 권을 본래 소장처에 되돌려주는 데 2년이 걸렸고 1만 2000여 권은 경매 처분되었다. 제번스는 학문에 대한 선망과 지식욕을 채우려 했다고 주장했다.

1996년 케임브리지대학교 도서관에서 아이작 뉴턴의 『프린키피아』 초판 인쇄본 두 권과 갈릴레이의 저작 유일본이 사라졌다. 2006년에는 폴란드 크라쿠프의 야기에우워대학교 도서관에서 고대 천문학자 프톨레마이오스의 저작 15세기 인쇄본과 코페르니쿠스 및 케플러의 초판본이 도난당했다. 문화재급 책 밀거래로 큰돈을 챙기려는 이러한 절도에는 서지학자까지 가담하여 장물을 감정해 주기도 한다.

"한량들이 종이신발 신는 것을 멋으로 알고 또 이를 만들어 파는 자가 많은데, 신발 만들 종이를 구하고자 사대부 집과 관가에 책도둑이 성행하니 단속하도록 하여 주십시오." 숙종 9년 (1683) 당시 한성판윤이 올린 상소 내용이다. 책 절도의 이유치고는 역사상 참 드문 경우다. 조선 종이의 빼어난 내구성을 증언한다 할까.

도서관 대출 자료 미반납도 심하면 절도가 될 수 있다. 2015년 미국 사우스캐롤라이나주의 채핀 메모리얼 도서관Chapin Memorial Library 측은, 1996년 이후 책을 반납하지 않은 900여 명을 고발했다. 우리나라 공공도서관들도 이 문제로 골치를 앓는다. 반납이 늦어져도 일정 기간 대출해 주지 않는 것 외에 별다른 제재 방법이 없기 때문이다. 잊는 것이 빌린 책인지 양심인지 모호해지기도 쉬운 '책 미반납'을 근절할 묘안은 없을까?

절도죄의 공소시효는 7년이라 한다. 그래서 이제는 할 수 있는 말인데, 초등학교 때 학급문고에서 빨간색 천 표지가 아름다웠던 무슨 에세이집을 훔친 적이 있다. 읽어 봐도 무슨 뜻인지 잘 몰랐지만 '성인들의 글 세계'를 훔쳐본다는 만족감을 느꼈다. 15년 전쯤 한 출판사에 들렀다가 출판사 서가에 꽂힌 미술 관련 책 한 권을 그냥 갖고 왔다. 공소시효 만료 범죄 두 건.

도서전

여러 나라에서 매년 도서전이 열린다. 규모가 가장 크고 역사도 제일 깊은 도서전은 프랑크푸르트 국제도서전이다. 프랑크푸르트에서는 12세기경부터 필사본이 거래되기 시작했고 1462년부터 정기적인 도서 시장이 열렸다. 중세 이후 프랑크푸르트는 육상 및 수로 교통이 발달한 교역 거점으로 상거래가 자유로웠다. 활판인쇄술을 발명한 구텐베르크의 근거지 마인츠가 가깝다는 점도 도서전 활성화의 한 배경이었다.

2005년 프랑크푸르트 국제도서전에는 우리나라가 주빈국으로 참가했다. 당시 도서전에 우리 출판사들은 유례없이 많이 참가했으며, 대표적인 우리 작가들이 건너가 독일 각지에서 문학 행사가 열리고 공연 등 다양한 문화 행사도 개최됐다.

도서전은 영어로 'book fair'(북페어)라 한다. '페어'는 정기 시장, 축제일 겸 장날, 전시회, 박람회, 견본 시장 등을 두루 뜻한다. 요컨대 도서전은 출판 산업과 독서 축제 측면을 겸하는 자리다. 런던 도서전과 미국의 북엑스포아메리카Book Expo America는 출판 산업, 파리 도서전은 독서 축제 측면이 강하며 프랑크푸르트 국제도서전은 종합적이다. 멕시코 과달라하라 국제도서전은 종합 문화 축제 성격에 문학 분야가 강점이며, 이탈리아의 볼로냐 아동도서전처럼 특정 분야 도서전도 있다.

북한에도 도서전이 있을까? 2015년 10월 '노동당 창건 70돌 경축 국가도서전람회'가 평양 인민대학습당에서 개최되어 출판물 1만여 종 2만여 부가 전시되었다. 국제도서전으로는 평양 국제과학기술도서전람회가 있으며, 2018년에 제11차 전람회가 열렸다. 이 전람회에는 20여 개국의 각종 단체와 유네스코, 세계보건기구 등 국제기구, 북한 주재 각국 대사관 및 국제기구 대표부 등에서 내놓은 출판물이 전시된다.

광복 이후 우리나라 최초의 도서전은 1946년 10월 서울 남산의 국립민족박물관(현 국립민속박물관)에서 열린 훈민정음 반포 500주년 기념 도서전람회였다. 일제강점기인 1934년 10월에는 조선어학회 주최로 보성전문학교에서 조선어학도서전람朝鮮語學圖書展覽이 열렸다. 이곳에서 훈민정음 반포 후 한글로 간행된 조선시대 고문헌과 근현대 문헌 및 관련 일반 도서들이 선보였다. 특정 주제에 집중하는 도서전은 이때가 사실상 처음이다.

출판사들이 참여한 본격적인 첫 도서전은 1954년 11월 21일부터 27일까지 독서주간에 국립도서관에서 열린 도서전시회였다. 이 전시회에는 62개 출판사에서 출품한 776종 1075권이 전시되었다. 같은 달 11월 14일부터 21일까지는 주한미국공보원에서 미국 교육사절단과 국립도서관의 협조로 아동도서전시회가 열리기도 했다.

오늘날의 서울국제도서전은 1954년에 열린 도서전시회를 모태로 한다. 1995년부터 국제도서전으로 바뀌어 지금까지 이어지고 있다. 도서전의 위상은 예전 같지 않다. 온라인 디지털 환경의 발달 때문이다. 그럼에도 세계 각국의 출판 에이전시와 출판인이 직접 만나서 출판 비즈니스를 추진하는 것은 반드시 필요하다고 말하는 관계자들이 많다.

독서 계획

"앞서 신미년 7월 22일에 맹세하여 『시경』, 『서경』, 『예기』, 『춘추전』을 차례로 3년 동안 습득하기로 하였다." 보물 제1411호 임신서기석壬申誓記石에 새겨진 내용의 일부다. 신라 진흥왕 또는 진평왕 때 화랑으로 추정되는 두 젊은이가 학문을 닦아 나라를 위해 헌신할 것을 맹세했다. 3년 동안 경서 4종을 습득하기로 했다는 내용으로 보아 임신서기석은 이 땅에서 가장 오래된 독서 계획이자 독서 문화유산이다.

어떤 책들을 어떤 순서로 얼마 동안 읽겠다는 게 독서 계획의 기본이다. 주자는 『대학』, 『논어』, 『맹자』, 『중용』 순으로 사서四書를 읽으라고 강조했다. 우계 성혼(1535~1598)은 손아래 동서 강종경이 세상을 떠난 뒤 자신이 맡아 기른 강종경의 아들 강진승에게 권면했다. "책을 읽을 때에는 엄밀히 과정課程을 정하여 익숙히 읽고 정밀하게 생각하며 간절하게 체득하라."

미국의 작가이자 비평가 클리프턴 패디먼은 18~81세 독자를 염두에 두고 『평생 독서 계획』을 펴냈다. 패디먼은 고전 명저를 중심으로 저자 133명의 책을 소개·논평하면서 독서와 삶이 분리될 수 없다는 것을 강조한다. "이 책들을 읽는다는 것은 남녀가 서로 사랑하는 것, 결혼하여 아이를 키우는 것, 자신의 경력을 쌓는 것, 가정을 꾸리는 것 등과 대등한 행위라고 생각한다. (……) 이 책들은 평생을 따라다니는 길동무이다."

우리나라에도 큰 영향을 끼친 근대 중국 사상가 량치차오梁啓

超(1873~1929)는 청년들을 위한 독서 계획으로 '독서분월과정'讀書分月課程을 만들었다. 아침에는 유교 경서, 낮에는 사상, 저녁에는 역사, 밤에는 문학을 읽도록 짜인 빡빡한 계획이다. 량치차오는 서양 학문을 배우러 유학 떠날 학생들이 이를 통하여 중국의 전통 교양을 철저히 익히기를 바랐다.

오에 겐자부로의 독서 계획은 주제 하나를 정해서, 그 주제를 3년에 걸쳐 깊이 파고드는 것이다. 그는 이 독서 방법을 40년 넘게 실천했다. 예컨대 오키나와 문제라는 주제를 정하면 오키나와에 관한 다양한 자료를 섭렵한다. 그 결과가 소설과 논픽션 작품, 강연과 기고문 등에 두루 반영되는 것은 물론이다.

"평소에 책 읽기를 무척 좋아하여서 새해 설계에 반드시 독서를 먼저 꼽아 놓고도 제대로 실천해 본 적이 거의 없다. 그래서 새해부터는 좀 더 적극적인 방법으로, 즉 될 수 있는 대로 책방에 가서 읽을 만한 책을 찾아내는 일부터 시작해서 읽으려는 의욕을 한층 북돋아 볼까 하는 생각이다."

1959년 1월 8일 자『동아일보』독자투고란에서 한 주부가 밝힌 결심이다. 그때보다 지금은 읽을 만한 책이 훨씬 더 많아졌다. 온라인 환경 덕분에 그런 책을 찾아내기도 무척 편리해졌다. 새해면 늦다. 연말이라면 바야흐로 한 해의 독서 생활을 돌이켜 보고 새로운 계획을 짤 때다.

독서법

"한 권 책만 보면서 날마다 한 단락씩 읽어야 내 것이 된다. 이 책 읽다가 저 책 보다가 한다면 눈가를 스칠 뿐이다. 한 구절 읽을 때는 한 구절을 파악하고 한 장 읽을 때는 한 장을 이해해야 한다. 다른 구절, 다른 장은 생각하지 않는다."

치밀한 정독으로 한 권에 집중하여 완독하는 주자의 독서법이다. 반면 일본의 베스트셀러 저술가 사이토 다카시 메이지대 교수는 완독이 능사는 아니라며 이렇게 조언한다.

"책 한 권을 다 읽는 데 너무 매달릴 필요는 없다. 오히려 무리해서 완독하려다 보면 독서 자체를 멀리하게 될 수도 있다. 처음부터 책을 끝까지 다 읽겠다고 생각하진 말자. (……) 한 사람이 일생 동안 책을 읽을 수 있는 시간은 제한돼 있다."

이렇게 독서법이란 시대에 따라, 또 독서인 각자의 목적이나 책 성격에 따라 달라진다. 주자의 정독·완독주의와 사이토의 발췌·다독주의는 경우에 따라서 모두 필요하다.

"저녁이 오면 난 집에 돌아와 서재로 들어가네. 문 앞에서 온통 흙먼지로 뒤덮인 일상의 옷을 벗고 왕궁과 궁중의 의상으로 갈아입지. 우아하게 성장盛粧을 하고는 날 따뜻이 반겨 주는 고대인의 옛 궁전으로 들어가, 그들과 스스럼없이 이야기하고 그들이 왜 그렇게 행동했던가 물어본다네. 물론 그들도 친절히 답해 주지." 추방당한 마키아벨리가 근황을 적어 친구 프란체스코 베토리에게 보낸 편지의 일부다. 그에게 독서는 고대인, 즉 고전에게

던지는 질문이자 고전과의 대화였다. 질문·대화형 독서법이다.

3년마다 주제를 바꿔 가며 책을 읽고 연구하는 피터 드러커와 오에 겐자부로의 '주제 기간 독서법'. 모든 읽을거리에 반드시 밑줄을 치며 읽는 소설가 전광용의 '밑줄 독서법'. 관심 분야를 집중적으로 읽어 정통해진 뒤 다른 분야로 범위를 넓힌 찰스 다윈의 '주제 확장 독서법'. 완독하지 않더라도 갖고 있는 모든 책의 서문과 목차, 핵심만은 반드시 읽는 현민 유진오의 '일별一瞥 독서법'. 책 읽으며 중요한 부분을 옮겨 적어 두는 정조 임금의 '초록抄錄 독서법'.

한 시간 동안 다양한 분야·주제의 책 대여섯 권을 각 10~15분 정도씩 아무 페이지나 펼쳐서 읽는 '무작위 릴레이 독서법'을 가끔 펼치는 사람도 있다. 바로 나다. 이 독서법의 단점은 머릿속이 뒤엉키는 일이 생기기도 한다는 점이다. 장점은 전혀 상관없는 주제와 내용의 책들을 짧은 시간 안에 넘나들다 보면 '정신의 체조'를 하는 기분이 들기도 한다는 점이다. 짧은 시간 안에 여러 책의 핵심을 파악할 수도 있는 것은 물론이다.

이 밖에도 책 읽으며 부지런히 메모하는 정약용의 '메모 독서법', 한 가지 주제에 관해 적어도 열 권 이상 읽어 대강을 파악하는 다치바나 다카시의 '주제 탐색 독서법' 등 다양한 독서법이 있다. 어떤 방법이든 책을 꾸준히 읽는 사람에게나 쓸모가 있다. 읽지 않으면서 독서법을 강구한다면 맨땅에 낚싯대 드리우고 물고기를 바라는 것과 비슷하다. 최상의 독서법은 꾸준히 읽는 것이다.

무협지

1961년에 가장 많이 읽힌 소설은 최인훈의 『광장』과 무협 신드롬을 불러일으킨 김광주의 『정협지』情俠誌다. 그해 늦은 봄 군사정변이 일어났다. 역사의 방향과 개인의 삶에 어떤 변화가 있을지 모두 불안하고 막연하던 시절이다. 『광장』의 주인공 이명준이 자유를 찾아 북한과 남한을 거쳐 제3국을 찾아 나섰다면, 『정협지』 독자들은 강호의 고수들이 펼치는 절대무공의 세계로 나아갔다.

1961년 6월 15일부터 1963년 11월 24일까지 『경향신문』에 연재된 『정협지』는 대만 작가 웨이츠원尉遲文의 『검해고홍』劍海孤鴻 캐릭터와 이야기를 가져와 사실상 새롭게 쓰다시피 한 작품이다. 중국 남경의대에서 공부한 김광주는 상하이에서 백범 김구의 측근으로 활동하다 귀국했다.

말년에는 그가 무협소설을 구술하면 아들이 받아 적기도 했다. "내가 받아 쓴 걸 읽어 드리면, '거기 점 찍어. 거기 줄 바꿔' 이러셨지요. 내가 고등학교 다닐 때였어요. 그때 나한텐 문장수업이 좀 됐을 겁니다." 아버지의 구술을 받아 적던 아들은 훗날 소설가가 된 김훈이다.

무협소설은 1960년대 후반부터 대본소(도서대여점)를 통해 유통되었다. 이 시기 남자아이들에게 대본소 무협지는 일종의 문화적 통과의례와도 같았다. 대본소에서 책 빌려 보던 1970년대 초반을 시인 하재봉은 이렇게 회고한다. "김광주 선생의 『정협지』, 『비호』, 이런 무협지들과 중국 무협지들을 번역한 시리즈

물을 정신없이 읽기 시작했다. 무협지가 나에게 가져다준 유일한 소득이 있다면 독서 속도를 엄청나게 빠르게 해 주었다는 것이다."

시인이자 건축가인 함성호도 "2000페이지가 훌쩍 넘는 무협지를 다 보는 데 들이는 시간은 불과 일곱 시간 정도"였으며, "저녁때 밥을 먹고 산책 삼아 대본소에 가서 열두 권짜리를 빌려 오면 다음 날 새벽에 끝난다"라고 회고했다.

무협지의 무공에는 몸의 힘과 기술을 연마하는 외공外功과 호흡법을 바탕으로 체내의 기를 단련하는 내공內功이 있다. 내공을 깊이 닦으면 몸을 가볍게 하는 경신술輕身術에 통달할 수 있는데 눈 밟아도 흔적이 남지 않는 답설무흔踏雪無痕, 풀 밟으면서 풀이 휘는 작은 반동을 이용해 날듯이 달리는 초상비草上飛, 물 밟고 달리는 등평도수登萍渡水, 공중에서 자유자재로 움직이는 능공허도凌空虛渡 등이 있다.

무협소설 독자들이 자연스럽게 터득하는 무공은 하재봉도 함성호도 터득했다는 속독신공速讀神功이다. 그 속독신공을 가능케 한 무협지의 매력을 조용헌은 이렇게 말한다.

"무협지가 지닌 가장 큰 매력은 사람들이 지닌 '주유천하周遊天下 욕구'를 만족시켜 준다는 점이다. (……) 주인공이 명산과 대천을 여행하면서 별의별 진기한 풍광들을 접하고, 여러 문파의 고수들과 마주치는 장면들을 읽으면서 독자들은 주유천하 욕구를 대리만족하는 것이다."

묵독과 낭독

"책 읽을 때 그의 목소리는 들리지 않고 혀도 움직이지 않았다. 우리는 종종 이런 식으로 침묵 속에서 독서에 빠진 그를 발견하곤 했다. 그는 절대로 큰 소리를 내어 글을 읽지 않았다." 밀라노의 주교 암브로시우스(340~397)가 책 읽는 모습을 아우구스티누스가 묘사한 것이다. 10세기까지 서양에서 소리 내어 읽지 않는 묵독黙讀은 드문 일이었다. 독서는 기본적으로 소리 내어 읽는 것, 낭독朗讀이었다. 손끝으로 글자를 짚어 가며 소리 내어 읽었던 것이다.

동아시아에서도 마찬가지였다. 정인지(1396~1478)의 글 읽는 소리에 반한 옆집 여성이 담을 넘어 방으로 뛰어들자, 정인지는 절차를 밟아 혼인하겠노라 달래어 그 여성을 돌려보냈다. 이튿날 정인지는 이사가 버렸고 그 여성은 상사병으로 세상을 떠났다. 조광조, 심수경, 김안국, 상진 등도 젊은 선비의 글 읽는 소리에 반한 여성이 담 넘은 전설의 주인공들이다.

고대 인도의 성전聖典『리그베다』,『사마베다』,『야주르베다』 등은 낭송하는 음까지 자세하게 정해져 있었다. 이슬람의 쿠란은 혼례나 장례, 국경일 행사, 각종 공식 모임 등에서 낭송되며 독경사讀經士를 초빙할 때도 있다. 유대인들도 다양한 악센트와 리듬으로 각 지역 특유의 정서까지 반영해 성서를 낭독했으며, 역시 독경사들이 활동했다. 전통 사회에서 성립된 텍스트 대다수는 낭독을 전제로 한다.

최초의 근대적 문학 낭독회는 1920년 2월 서울 종로 YMCA에서 열린 『폐허』동인들의 시 낭독회였다. 역사학자 이병도가 사회를 맡았고 목덜미 덮도록 머리 기른 시인들이 자작시를 낭독했다. 시인 황석우는 취기에 온몸을 덜덜 떨면서 시를 낭독하여 청중의 폭소를 자아냈다. 문학 동인회 파스큘라가 1925년 2월 종로 경운동 천도교기념관에서 연 '문예 강연 및 시, 각본 낭독회'도 화제였다. 이상화, 김기진, 박영희, 김억, 연학년, 안석영, 박종화, 민태원 등이 강연하고 작품을 낭독했다.

18세기 프랑스의 개인 살롱에서 책을 낭독하고 감상하는 풍경. 조선의 선비 집안 규방에서 부인들이 전문적인 낭독가인 전기수傳奇叟의 목소리에 귀 기울이는 모습. 1850년대부터 작품의 주요 대목을 연기하듯 낭독했고 영국, 미국, 캐나다에서 순회 낭독회를 열어 큰 인기를 모은 찰스 디킨스. 독서의 역사에서 낭독은 절반 이상의 지분을 차지한다. 낭독에서 묵독으로의 변화는 '공동 독서'에서 '개인적 독서'로의 변화이기도 했다. 책 읽는 개인 주체가 탄생한 셈이다.

눈과 머리로 읽는 묵독에 비해 낭독은 온몸으로 읽는 것이다. 오늘날 크게 바뀐 독서 환경 속에서 낭독 문화가 되살아날 가능성은 없을까? 디지털 기술에 바탕을 둔 오디오북에 대한 관심이 조금씩이나마 늘고 있는 것이 '21세기형 낭독 문화', 정확히 말하면 '귀로 듣는 청서聽書'의 가능성이라 할까.

문고

작가 장정일(1962년생)은 중학교 때 껌 포장지를 모았다. 쥬시
후레쉬, 스피아민트, 아카시아, 샤넬 등등 스무 종가량을 모아 놓
고 새 상품이 나오기만을 학수고대하고 있는데, 어머니는 친척들
만 모이면 "얘는 껌 종이 모아"라고 말하곤 했다. 장정일은 "그런
박해를 당한 끝에 삼중당문고로 갈아탔다". 중학생 시절 삼중당
문고 200여 권을 독파한 것이 장정일의 독학 문학수업이었다.

시인 안도현(1961년생)은 친구 집에 놀러 갔다가 가지런히
꽂힌 삼중당 문고를 접하면서 독서에 빠졌고, 고교 진학 후 문예
반 활동을 시작하여 작가의 꿈을 키웠다. 배우 김응수(1961년생)
는 '삼중당문고를 열 권씩 끼고 살면서' 소설가를 지망하기 시작
했으며, 갈수록 연극과 영화로 마음이 기울어져 갔다.

문화평론가 정윤수(1966년생)는 고등학생 시절 "왕복 버스
비로 헌책방에 일동 기립하고 있는 삼중당문고 한 권을 살 수 있
었"기에 버스를 타지 않고 걷고 또 걸었다. 과학 저술가 이정모
(1963년생)는 초등학교에서 중학교로 넘어가는 겨울방학부터
책방 출입을 시작했는데, 일주일에 한 번 24킬로미터 떨어진 서
점까지 시외버스를 타고 가서 살 수 있던 책은 삼중당문고가 전
부였다.

1950년대 말에서 1960년대 중후반 사이에 태어난 사람들에
게 삼중당문고는 집단적 기억이자 세대 체험이다. 그 기억과 체
험을 장정일의 시 「삼중당문고」에서 엿볼 수 있다.

간행목록표에 붉은 연필로 읽은 것과 읽지 않은 것을 표시했
던 삼중당문고
경제개발 몇 개년 식으로 읽어 간 삼중당문고
급우들이 신기해하는 것을 으쓱거리며 읽었던 삼중당문고

세계 주요 국가들은 오랜 전통의 문고본을 갖고 있다. 일본
의 이와나미 문고(1927), 영국의 펭귄 문고(1935), 프랑스의 크
세주(1941)가 대표적이고, 독일에는 1841년부터 한 세기 넘게
5290종을 펴낸 타우흐니츠 문고와 1867년부터 책을 낸 레클람 문
고가 있다. 우리나라에서는 광복 후 을유문고, 정음문고, 민중문
고, 협동문고 등을 시작으로, 1950년대 말부터 1960년대까지 양
문문고, 교양문고, 경지문고, 현대문고, 박영문고, 사상문고, 탐
구신서 등이 나왔으며, 1970년대에 문고본이 크게 활성화되었다.

1976년 당시 30여 개 출판사가 문고본을 간행했고, 그해에만
문고본 신간 1000여 종이 나왔으며 판매량도 250만 부를 넘을 정
도였다. 서문문고(1972), 문예문고(1972), 현대과학신서(1973),
신구문고(1973), 삼중당문고(1975), 열화당미술문고(1975), 삼
성문화문고(1976), 범우에세이문고(1976) 등이 그 주인공이다.

이 가운데 삼중당문고를 간행한 삼중당三中堂은 1931년 고서
점으로 창업했다가 출판사로 노선을 바꾸어 1950년대 이후 잡
지 · 전집 · 문고 · 사전 등에서 두루 성공을 거뒀으나, 경영난으로
1990년 사실상 막을 내렸다.

발행인

출판사·신문사·잡지사 등을 법적으로 대표하여 출판물을 발행하는 이를 발행인이라 한다. 발행인은 출판물에 대해 사실상 최종적인 책임을 진다. 이에 따라 출판물에 관한 고소·고발 사건에서 발행인을 고소·고발하는 일이 드물지 않다. 정기간행물의 경우 발행인 외 편집인이 있는데 발행인이 정기간행물을 발행하는 대표자라면, 편집인은 정기간행물의 편집에 관하여 책임을 지는 사람이다. 그 둘을 한 사람이 겸직하는 경우도 많다.

1908년 신문관新文館에서 발행한 최초의 근대 잡지 『소년』少年의 발행인은 최남선의 형 최창선이었다. 신문관은 1907년 당시 열일곱 살의 최남선이 일본에서 인쇄설비를 가져와 설립한 곳이지만, 공식적으로는 최창선이 우리 근대 잡지 최초의 발행인이다. 한국잡지협회 제정 '잡지의 날' 11월 1일은 『소년』 창간일이다.

발행인 개념은 출판물이 이윤을 창출하는 상품으로 자리잡으면서, 법적 권리와 책임 관계를 확실히 해야 할 필요가 커진 근대 이후의 산물이다. 20세기 초까지 인쇄소를 겸하는 출판사가 많았기 때문에, 발행인은 인쇄소 겸 출판사 대표를 뜻했다. 1884년 3월 설립된 최초의 근대적 민간 출판사 광인사廣印社는 첫 책으로 한문 도서 『충효경집주합벽』忠孝經集註合璧을 펴냈지만 발행인 사항은 불분명하다. 광인사는 여러 사람이 합작 투자하여 설립한 곳이기 때문이다.

1947년 국사원國士院에서 나온 『백범일지』白凡逸志의 발행인이자 편집자는 백범 김구의 아들 김신 전 공군참모총장이다. 저작권자의 권리는 저작자 생존 기간 및 사후 50년까지 보호되었기 때문에(2013년 7월 1일부터는 사후 70년), 1949년 별세한 백범의 저작물은 1999년까지 저작권을 주장할 수 있었다. 김신은 『백범일지』가 더욱 많이 출간되어 널리 읽히길 바라는 뜻에서 저작권을 일찍 해제했다. 이에 따라 『백범일지』는 많은 출판사들이 출간해 왔다. 김신의 뜻이 이루어진 셈이다.

정치적·종교적 탄압을 우회하기 위해 가상의 발행인을 내세우기도 한다. 스피노자는 『신학-정치론』(1670)을 네덜란드 암스테르담에서 익명으로 펴내면서 발행지를 독일 함부르크로 꾸미고 발행인도 가상의 인물 헨리쿠스 퀸라트로 삼았다. 조너선 스위프트는 당대의 현실을 풍자한 『걸리버 여행기』(1726)를 펴낼 때, 「최초 발행인 리처드 심슨이 독자들에게」라는 서문을 실었다. 심슨은 걸리버의 사촌으로 설정된 가상의 인물이다.

중국 청나라의 장해붕張海鵬(1755~1816)은 자신의 방대한 장서를 바탕으로 『학진토원』學津討原 1048권, 『묵해금호』墨海金壺 727권, 『차월산방휘초』借月山房彙鈔 283권 등 여러 총서를 펴냈다. 그가 발행인의 소명을 말한다. "장서藏書는 독서만 못하고, 독서는 출판만 못하다. 독서는 자신을 위한 것이지만 출판은 남을 이롭게 한다. 위로는 작가의 정신을 오래도록 기리고, 아래로는 후대의 수양을 적셔 주고 학문으로 이끄는 데 혜택을 주니 그 길보다 더 넓은 것이 있을까."

백과사전

"방 안에 드러누워 뒹굴던 내 눈에 그 백과사전이 들어왔다. 우연히 백과사전을 펼치게 된 나는 그때부터 틈만 나면 그 책을 끼고 살았다. 어느 쪽을 펼쳐도 읽을거리가 그득했다. 몰랐던 사실을 알게 되는 재미가 생각지도 못했던 즐거움을 선사했고, 총천연색 사진까지 실려 있어 더욱 흥미진진했다."

생명과학자 최재천이 어린 시절 독서에 눈뜬 순간이다. 이미 열 살 무렵 백과사전을 통독한 빌 게이츠는 공립도서관에서 열린 독서대회에서 아동부 1등과 전체 1등을 모두 차지했다. 근대 과학소설의 선구자로 작품 소재들이 그야말로 백과사전적이며, 도서관 개근자이기도 했던 쥘 베른(1828~1905)이 말했다. "내가 백과사전이 있는 시대에 살고 있는 것은 큰 행운이다."

백과사전의 대명사인『브리태니커 백과사전』초판(1786) 구입자 가운데는 미국에서 나온 해적판을 구매한 조지 워싱턴과 토머스 제퍼슨도 있었다.『브리태니커 백과사전』은 항목 집필자들의 면면이 대단했다. 1911년 제11판 집필자들 중에는 토머스 헉슬리, A.N. 화이트헤드, 표트르 크로폿킨 등이 있었고, 1926년 제13판에는 프로이트, 아인슈타인, 후디니가 각각 정신분석, 물리학, 마술 항목을 집필했다.

서유구(1764~1845)가 편찬한『임원경제지』林園經濟志는 농사와 가정생활을 중심으로 방대한 실생활 지식을 망라하여 '조선의 브리태니커'로 일컬어진다. 교정을 맡은 그의 아들 서우보는 서른세 살 때 아버지보다 먼저 세상을 떠났다. "수십 년 공들인『임원경제지』100여 권을 근래에 겨우 끝마쳤으나 책을 맡아 지켜 줄 자식과 아내가 없는 것이 한이로다. 펼쳐 보다 눈물이 오래도록 흐르는지도 몰랐구나."

백과사전은 문화적 국력의 척도가 되기도 한다. 일본은 1908~1919년 산세이도三省堂에서 간행한『일본백과대사전』으로 근대국가로서의 문화적 자부심을 세웠다. 제1권 간행 축하연에서 "우리나라의 빛으로 공경하고 우리나라의 보물로 사랑할 책"이라는 내용의 찬가가 불렸다. 우리나라에는 정부 지원으로 한국정신문화연구원(현 한국학중앙연구원)이 1979~1991년에 편찬·간행한『한국민족문화대백과사전』이 있다.

백과사전은 아니지만 서울 역사백과사전에 해당한다고 볼 수 있는『서울육백년사』(1977~2006)도 특기할 만하다. 시대사 여섯 권, 분야별 특수사인 민속편·문화사적편·인물편 세 권, 연표편 한 권이다. 2017년에는 이를 증보·수정하여 총 40권으로『서울 2천년사』가 나왔다.

지식이 변화하고 확장되는 속도가 빠른 오늘날에도 지식의 표준 구실을 하는 백과사전의 중요성은 더하면 더했지 줄어들지 않는다. 온라인 서비스를 통해 활용도를 높일 수도 있다. 우리의 지식 자산과 문화 역량이 결집된 21세기의 새로운 대표 백과사전을 추진할 수는 없을까?

번역

음산한 밤의 천막이
희미시 잠들은 창궁에 드리웠도다
(……)
부드러운 달이 크다란 백조와 같이도
은빛 구름 속으로 헤엄쳐 가라.
헤엄쳐 가며 그 해쓱한 빛으로
주위의 만상을 비치어라
오랜 보리수 닐닐이 늘어선 길 눈앞에 틔었고
등성이며 풀밭은 환히 바라보이어라…….

시인 백석(1912~1996)이 번역한 알렉산드르 푸시킨의 「쨔르스꼬예 마을에서의 추억」 일부다. 우리말의 조탁彫琢이 번역의 기본임을 보여 준다. 백석은 영국 작가 토머스 하디의 『테스』, 러시아 시인 푸시킨과 티호노프 등의 시, 숄로호프의 『고요한 돈』을 비롯한 러시아 소설을 번역했다. 북한에서 그는 시인보다는 번역가로 더 잘 알려져 있었다.

1481년 간행된 『두시언해』杜詩諺解는 당나라 시인 두보杜甫(712~770)의 작품 전편을 우리말로 번역하고 주석을 단 우리 역사 최초의 번역시집이다. 전란으로 고향에 못 가고 피난살이하던 때 봄 경치를 보며 지은 절구 하나가 『두시언해』에서 이렇게 풀이된다.

"가람이 파라니 새 더욱 희고, 산이 푸르니 꽃 빛이 불붙는 듯하다. 올봄이 보건대는 또 지나가나니, 어느 날이 내가 고향으로 돌아갈 해인고." 최남선은 『동아일보』에 연재한 「지귤이향집 한시시조역」枳橘異香集 漢詩時調譯에서 이를 시조로 다시 번역했다. "강산이 때를 만나 푸른빛이 새로우니, 물가엔 새 더 희고 산에 핀 꽃불이 붙네. 올봄도 그냥 지낼사, 돌아 언제 갈거나."

최남선은 "한시와 시조는 향기를 달리하지만 바탕을 한가지로 하는 매한가지의 문학에 핀 화초"라고 말한다. 지귤枳橘은 회수淮水 남쪽의 귤을 북쪽에 옮겨 심으면 탱자가 된다는 뜻의 고사성어 귤화위지橘化爲枳에서 나온 표현으로, '번역은 제2의 창작'이라는 말과 상통한다.

2016년 맨부커상 인터내셔널 부문 상을 받은 한강의 『채식주의자』번역에 대해 심사위원장은 이렇게 말했다. "이 상은 작가와 번역작가를 완전히 동등하게 평가한다는 점에서 기묘하면서도 뛰어난 『채식주의자』가 영어에 들어맞는 목소리를 찾았다." 그런 번역조차 오역 논란이 일었고, 번역자 데버라 스미스는 스스로 오역 실수를 60여 개 수정 목록으로 정리해 해외 출판사들에 전달하기도 했다.

외국 책을 우리말로 제대로 번역하여 많이 읽을수록, 우리 책의 좋은 번역이 해외에 널리 읽힐수록 언어 간 장벽이 낮아지며 문화 영토가 넓어진다. 국문학자 양주동이 90년 전에 말했다. "외국문학을 앎으로써 우리의 문학적 소양을 넓힐 뿐만 아니라 그 섭취한 지식으로써 자가自家의 독특한 경지를 새로 개척할 수가 있다."

베스트셀러

베스트셀러 목록의 효시는 1895년 미국 문예지 『북맨』Bookman에 실린 '이 달의 도서 판매'다. 'bestseller'라는 영어 단어는 1889년 미국 신문 『캔자스 타임스앤드스타』The Kansas Times & Star에 처음 등장했다. 우리 땅에서 '베스트셀러'의 초기 용례는 1937년 8월 22일 자 『동아일보』에서 볼 수 있다. 마거릿 미첼의 『바람과 함께 사라지다』점자點字본 간행 소식을 전하는 기사에 '베스트셀러'라는 말이 나온 것이다. 이 소설은 1936년 여름 출간되어 그해에만 100만 부 이상 팔렸다.

서적상 집계에 바탕을 둔 본격적인 목록은 1913년 미국의 출판 전문지 『퍼블리셔스 위클리』가 시작했다. 대중에게 큰 영향을 미치기로는 1942년 발행되기 시작한 『뉴욕 타임스 북리뷰』가 처음이다. 우리나라에서는 1962년부터 민간단체 한국사회통계센터가 집계하기 시작한 것이 처음이다. 1962년 9월 당시 전집은 을유문화사와 정음사의 세계문학전집이 1, 2위였고 소설은 일본 작가 이시자카 요지로의 『가정교사』와 김동성이 번역한 『금병매』가 1, 2위인 가운데 박경리의 『김약국의 딸들』이 3위였다.

베스트셀러 집계가 이뤄지기 전 시대에도 베스트셀러는 드물지 않았다. 프랑스 사상가 볼테르의 풍자소설 『캉디드』(1759), 장자크 루소의 『신 엘로이즈』(1761), 영국의 로런스 스턴이 쓴 『신사 트리스트럼 섄디의 생애와 의견』(1760~1767), 그리고 괴테의 『젊은 베르테르의 슬픔』(1774)이 18세기 유럽의 '4대 베스트셀러 소설'로 꼽힌다. 미국에서는 독립혁명의 당위를 강조한 46페이지 분량 소책자인 토머스 페인의 『상식』이 1776년 출간 석 달 만에 10만 부가 팔렸다.

공식적으로 판매량이 확인된 소설 가운데 세계에서 가장 많이 팔린 소설(시리즈)은 '해리 포터' 시리즈다. 한편 책이 가장 많이 팔린 작가는 바버라 카틀랜드(1901~2000)가 아닐까 한다. 카틀랜드는 1923년 첫 소설 『직소』Jig-Saw를 발표한 이래 평생 723권을 출간했다. 가장 많은 책을 출간한 작가이기도 한 그의 작품들은 36개 언어로 번역되어 대략 6억 부 이상 팔렸다. 대부분 19세기를 무대로 한 로맨스물이다.

베스트셀러에 대한 비판적인 지적도 많다. '단지 유명하다는 사실이 유명한 책', '많이 팔렸어도 읽은 사람은 드문 책'이라는 것이다. 1985년 미국의 잡지 『뉴 리퍼블릭』은 판매 전 베스트셀러 도서 70권의 책갈피에 현금 5달러 교환 쿠폰을 끼워 넣었지만, 판매 뒤 현금으로 바꿔 달라는 요청은 한 건도 들어오지 않았다. 책을 샀다고 해서 꼭 펼쳐 읽는 건 아니라는 사실이 이 얄궂은 실험으로 증명되었다고나 할까.

판매량 집계의 정확성이나 순위 산정의 객관성이 문제가 되기도 하는 베스트셀러. 그럼에도 우리가 주목해야 하는 까닭은 그것이 사회현상이기 때문이다. 베스트셀러는 대중의 집단적 욕망과 가치관을 반영하는 거울이며, 시대의 민감한 중추를 건드려 변화를 이끌기도 한다.

병고

이탈리아의 천재 시인 자코모 레오파르디(1798~1837)는 이른 나이부터 구루병, 폐결핵, 눈병을 앓았고 만성 기관지염과 천식에 시달리다가 심장 쇠약으로 서른아홉 살 때 눈을 감았다. 병고와 실연, 가난 속에 살았던 그의 여러 작품에는 염세주의 정서가 흐른다. 죽은 뒤에도 불운은 이어졌다. 2016년 10월 이탈리아 중부를 덮친 강한 지진으로 진앙지 마르케주의 산간 마을 비소에 보관 중이던 그의 시 27편을 담은 필사본이 심각하게 손상되고 만 것이다.

미국의 여성 작가 카슨 매컬러스(1917~1967)는 첫 장편 『마음은 외로운 사냥꾼』(1940)으로 천재 작가가 출현했다는 평가를 받았다. 그는 열다섯 살 때 열병을 앓은 이후 근육이 굳는 병을 얻었고 여러 번 뇌졸중으로 쓰러졌으며 서른 살부터는 걷는 것조차 힘들어졌고 흉막염과 유방암에 시달렸다. 죽음과 마주한 채 살아야 했던 매컬러스에게 창작은 삶의 이유였다. 그가 말한다. "쓸 수 없다면 살고 싶지 않을 것이다."

병고와 실연과 가난 속에 요절한 우리나라 작가로 김유정(1908~1937)이 있다. 폐결핵에 시달리며 창작혼을 불태우던 그는 스물아홉 살 때 세상을 떠났다. 그는 당대의 명창 박녹주를 연모하여 편지를 보내곤 했지만 비운의 사랑이었다. "지금쯤 너는 어느 요정에서 소리를 하고 있겠지. 이 추운 밤에 홀로 술을 드는 나를 생각해 보라. 사랑이란 억지로 식어지는 것이 아니다. 지금이 순간도 너를 생각한다."

조선의 역관이자 시인 이언진(1740~1766)의 생애는 26년이었다. 1763년 통신사행의 일원으로 일본에 간 그는 일본인들에게 하루 수백 편씩 시를 써 주며 문명을 떨쳤다. 귀국 후 이 소문이 널리 퍼졌지만 '중인中人 역관 따위가 감히'라는 분위기였다. 지나친 공부와 격무로 쇠약했던 이언진은 일본에 다녀온 뒤 병세가 악화된 데다가, 신분 차별에서 느끼는 좌절감이 깊어져 세상을 떠났다. 그의 시집 국역서로『골목길 나의 집』이 있다.

시인 구상(1919~2004)의 딸인 소설가 구자명의 병고는 아버지의 문학 세계를 새롭게 보게 해 주었다. "오십 대 들어 병고를 깊게 겪고는 아버지 시에 공감했어요. 구상 시는 표현기법이나 수식은 단순하지만 자신이 추구했던 삶의 진실이 담겨 있어요. 아버지는 언령言靈이란 표현을 썼죠. 말에는 영혼의 힘이 깃들어 있다고요. 언령이 시에서 느껴져야 한다고 했죠."

2011년에 김종인 원광대 복지·보건학부 교수는 1963~2010년 언론 부음기사와 통계청 자료 등을 바탕으로 직업군별 평균수명을 분석하여 발표했다. 가장 장수하는 직업군은 평균수명 80세의 종교인이었고 정치인(75세), 교수(74세), 기업인(73세) 순이었다. 작가는 체육인, 언론인과 함께 67세로 최하위였다. 상대적 단명은 작가의 숙명일까? 예술적 성취와 건강한 삶이 조화를 이루면서 양립하기란 어려운 것일까?

분류

갖고 있는 책이 많아지면 분류하고 정리해야 할 필요도 커진다. 어떤 책이 어디에 있는지 찾기 어려워지기 때문이다. 찾지 못하고 새로 한 권을 살 때도 있다. 무슨 법칙이라도 되는 것처럼, 사고 나면 본래 갖고 있던 책이 발견된다. 내 경우 예술, 중국학, 일본학, 한국학, 세계사, 서양철학, 종교, 책·독서·출판, 시, 소설 정도를 분류하여 대충 꽂아 놓긴 했지만, 그야말로 대충에 머무는 형편이다.

우리나라 도서관은 한국십진분류법KDC에 따라 세 자리 숫자로 자료를 분류한다. 000부터 900까지 총류, 철학, 종교, 사회과학, 자연과학, 기술과학, 예술, 언어, 문학, 역사 등 열 가지 큰 주제로 나눈다. 그다음 자릿수들은 세부 분류다. 예컨대 총류에서 010은 도서학·서지학, 그 가운데 011은 저작, 012는 사본·판본·제본이다.

체계적인 도서 분류는 언제 시작됐을까? 흔히 기원전 7세기 아시리아의 왕 아슈르바니팔이 니네베에 세운 도서관을 효시로 본다. 그곳에서는 소장 번호와 위치 표식, 제목과 주제, 주요 장절 등을 기록한 목록 점토판을 도서관 각 방 입구에 부착했다. 전통 동아시아에서는 경사자집經史子集으로 나누는 사부四部 분류법이 널리 쓰였다. '경'은 유교 경서와 주석서, '사'는 역사서와 국정문서, '자'는 다양한 사상서와 경사經史에 속하지 않는 도서, '집'은 문학서다.

개인이 분류 체계를 만들기도 했다. 16세기 명나라의 조용현, 조개미 부자는 수집한 장서를 분류하여 각각 『조정우서목』趙定宇書目과 『맥망관서목』脈望館書目을 남겼다. 조용현은 사부 분류에서 벗어나 열 가지 대분류와 서른 가지 소분류로 나름의 체계를 세웠다.

미국 제3대 대통령을 지낸 토머스 제퍼슨은 1815년 자신의 장서를 목록과 함께 의회도서관에 보내면서 나름의 분류 방식을 설명했다. "책에서 펼쳐지는 정신 능력에 따라 분류했다. 그 능력은 기억, 이성, 상상이다. 각각 역사, 철학, 예술에 적용된다."

이어령 전 문화부 장관도 자기만의 분류법을 쓴다. 예컨대 '영국의 해양소설'은 'ENS'다. 지역(England), 분야(Novel), 주제(Sea) 순이며 시대 분류를 더하기도 한다. 국어학자 외솔 최현배는 장서를 국어국문학, 불교, 유교, 역사, 지리, 문집, 교육, 사전, 한자한문학, 교양서, 외국문학, 잡서雜書 등으로 분류해 목록을 만들었다. 육당 최남선은 장서 17만 권을 분류하여 문헌 카드 50만 장을 직접 만들었다. 국어학자 일석 이희승도 목록함을 두고 장서를 도서관처럼 관리하고 활용했다.

갖고 있는 책이 많지 않은데도, 어떤 책을 갖고 있으며 어디에 두었는지 잘 떠오르지 않는다는 사람들이 많다. 많지 않은 책이라도 분류하여 목록을 정리해 두지 않으면 책은 꼭꼭 숨거나 깊이 잠들기 쉽다. 등잔 밑이 어둡다지만 분류하고 정리하지 않은 내 서재, 내 책꽂이보다 어두운 곳도 드물다.

비망록

읽은 책을 잊지 않으려고 책 내용의 골자나 서지 사항 정도를 간략히 적어 둔 것. 독서비망록이다. 미국의 포크 듀오 사이먼앤드가펑클의 아트 가펑클은 홈페이지(artgarfunkel.com/library/list1.html)에 1968년부터 2019년까지 51년 동안 읽은 1299권을 정리해 놓았다. 그는 일련 번호, 읽은 연월과 저자, 제목, 출간연도, 그리고 전체 쪽수를 기록했다. 예컨대 이런 식이다.

27.   Jun 1969   Fyodor Dostoyevsky   The Brothers Kara-
mazov   1881   701 pp.

'가펑클 라이브러리'로 일컬어지는 이 온라인 독서비망록은 루소의 『고백록』부터 시작하여 제임스 개빈의 『쳇 베이커』, 키신저의 『헨리 키신저의 세계 질서』까지 잡식성 광폭 독서의 경이로운 흔적을 보여 준다. 그는 루소의 『고백록』을 1968년에 처음 읽고 1983년에 다시 읽었다. 프랑스 역사학자 마르크 블로크의 『봉건사회』는 1982년에 제1권, 1991년에 제2권을 읽었다. 나는 독서 관련 강연을 할 때마다 '가펑클 라이브러리'를 예로 들면서 읽은 책, 읽고 싶은 책의 서지 사항만이라도 기록해 둘 것을 권한다.

조선 후기 문신 홍석주(1774~1842)는 평생 읽은 책들을 분류하여 개요를 기록한 『홍씨독서록』洪氏讀書錄을 남겼다. 그는 자신의 동생이 "나처럼 마구 읽어 요령을 얻지 못할까 염려하여"

독서록을 쓰기 시작했고, "일찍이 읽어 감명받은 것과 대개는 읽고 싶었으나 읽지 못한 책을 골라 제목을 나열하고 개요를 기록했다".

이순신 장군의『난중일기』에도 독서 기록이 있지 않을까? 이순신 연구가 박종평에 따르면 이순신 장군이 직접 읽었다고 기록한 책은 류성룡이 보내준『증손전수방략』增損戰守方略,『동국사』東國史, 그리고 독후감을 남긴『송사』宋史뿐이다. 그러나 이순신 장군이 많은 책을 읽고 깊이 사색했다는 것을 보여 주는 흔적은 많다고 한다.

우리 시대에는 문학평론가 김현이 쓴 일기이자 유고『행복한 책읽기: 김현 일기 1986~1989』가 있다. 1989년 6월 18일 김현은 이렇게 적었다. "이제는 갈수록 긴 책들이 싫어진다. 짧고 맛있는 그런 책들이 마음을 끈다. 두껍기만 하고 읽고 나도 무엇을 읽었는지 분명하지 않은 책들을 읽다가 맛좋은 짧은 책들을 발견하면 기쁘다. 바르트의 어떤 책들, 그리고 푸코의 '마그리트론'."

학교 독후감 숙제 탓에 책과 멀어졌다는 사람들이 적지 않다. 최근에는 독서록이라는 걸 써야 하는 모양이다. 자발적으로 쓰지 않고 의무적으로 써야 하는 것이라면 행여 책과 멀어지게 만드는 요인이 될까 걱정스럽다. 그런 것이 학교에서 강조될수록, 자발적으로 솔직하고 즐겁게 쓰는 독서비망록은 드물어질 법하다. 명나라의 이탁오李卓吾가 말했다. "성정을 편안하게 하고 정신을 기르는 것이 바로 책 안에 있다." 의무로 부과되는 독서 관련 활동은 성정을 불편하게 하고 정신을 위축시킨다.

빌린 책

나는 남에게 책을 빌려주지 않는다. 책을 빌리지도 않는다. 책 빌리는 것과 빌려주는 것, 빌린 책을 돌려주는 것을 세 가지 어리석은 일, 삼치三癡라 했다. 이 가운데 책 빌려주는 것과 돌려주는 것을 이치二癡라 했으며, 여기에 빌려준 책을 아까워하고 그 책을 찾는 것을 더하여 사치四癡라고도 했다. 책이 귀하던 시절엔 빌려 읽고 돌려 보며 베껴 쓰는 일이 흔했다. 조선시대 필사본의 다수가 그렇게 만들어졌다.

1603년 8월 허균은 정구鄭逑에게 이런 편지를 써 보냈다. "책 돌려받기는 더딘 법이라 하지만 더디다 해도 한두 해지요. 빌려 간 지 10년이니 이제 돌려주시지요." 영국 작가 찰스 램(1775~1834)이 책 빌려 간 이들을 꼬집는다. "무서운 약탈자, 책을 빌려가는 족속들. 장서를 훼손시키고 서가의 균형을 무너뜨리는 자들." 『안씨가훈』顔氏家訓이 책 빌린 사람의 예의를 말한다. "빌린 책은 아껴서 잘 간수하고 훼손된 곳은 수선하여 온전하게 만들라."

빌린 책이 역사를 뒤흔드는 계기가 될 수도 있다. 이경방李經芳이 외사촌 동생 홍수전洪秀全(1814~1864)을 찾아왔다가 기독교 포교서 『권세양언』勸世良言을 빌려 갔다. 이경방은 책을 돌려주면서 아직 읽지 않은 홍수전에게 한번 읽어 보라 권했다. 과거에 거듭 낙방하여 실의에 빠진 홍수전은 이 책을 탐독한 뒤 이경방과 함께 종교결사를 창립했다. 청나라 말기 중국을 휩쓴 태평천국운동의 시작이다.

1921~1926년 파리에 머물던 시기 헤밍웨이는 도서대여점이자 서점 셰익스피어앤드컴퍼니에서 책을 빌리려 했지만 보증금이 없었다. 서점 주인 실비아 비치가 호의를 베풀었다.

"돈이 생길 때 내면 된다고 했다. 그리고 그 전에라도 내가 원하는 책이 있으면 얼마든지 빌려 가도 된다고 했다. (……) 투르게네프의 『사냥꾼의 수기』와 D.H. 로렌스의 초기 작품 『아들과 연인』을 집어 들었을 때 실비아는 내가 원한다면 다른 책을 더 빌려 가도 된다고 했다. 그래서 나는 콘스탄스 가네트가 번역한 톨스토이의 『전쟁과 평화』와 도스토옙스키의 『도박꾼과 그 외 단편들』을 추가로 골랐다."

에이브러햄 링컨은 어린 시절 책 빌리러 10킬로미터 이상 걷는 일이 다반사였다. 사방 수십 킬로미터 안에 있는 책이란 책은 모조리 빌려 읽었다. 내가 읽지 않는 책이라도 남에게 빌려주기는 꺼리는 애서가들이 많다. 책 인심을 조금만 풀어 보면 어떨까. 빌려준 책이 링컨이나 헤밍웨이 같은 인물을 낳을지 누가 알겠는가. 곳간에서 인심 난다 했지만 서재에서 인심 나긴 어려운 것일까?

새삼 서가를 둘러보니 빌린 책이 하나 있다. 이 글 앞머리에서 한 말은 취소해야겠다. 일본 고단샤 문고로 나온 『삼국지』에 관한 책이다. 『삼국지』에 관한 책을 쓰기 위해 대학 시절 친구 L에게 빌렸다. L과는 연락이 끊어진 지 오래다. 빌린 책 돌려주기 위해서라도 L과 만나고 싶다.

사라진 책

묘청과 함께 서경(오늘날 평양) 천도를 꾀하다가 김부식에게 죽임을 당한 정지상은 고려를 대표하는 시인이지만, 그의 문집 『정사간집』鄭司諫集은 전해지지 않는다. 신라 진성여왕이 위홍과 대구화상에게 편찬케 했다는 향가집 『삼대목』三代目도 제목만 전해진다. 고구려 역사서 『유기』留記와 『신집』新集, 백제 역사서 『서기』書記도 마찬가지여서 우리를 안타깝게 한다.

751년 고선지가 이끄는 당군이 아바스 왕조 군대에게 패한 탈라스 전투에서, 포로로 끌려간 당군 가운데 두환杜環이라는 인물이 있었다. 그는 중앙아시아와 서아시아, 지중해 일대를 전전하다가 762년 페르시아만에서 상선을 타고 귀국했다. 두환이 보고 들은 것을 기록한 『경행기』經行記는 전해지지 않는다. 다만 그의 친족 두우杜佑가 편찬한 『통전』通典 등 여러 문헌에 다음 내용을 비롯한 일부가 남았다.

"불림국拂臨國(비잔틴) 사람들의 얼굴은 홍백색이다. 남자들은 흰옷을 즐겨 입고 여자들은 구슬로 치장하며 비단을 입는다. 술 마시기를 좋아하고 마른 빵을 주로 먹는다. 7일마다 하루를 쉬는데 장사도 돈 출납도 하지 않고 종일 쉰다."

중국 후한시대 반고班固(32~92)가 편찬한 『한서』漢書의 「예문지」藝文志에는 지금은 전해지지 않는 많은 문헌이 언급되는데, 자그마치 596개 학파의 1만 3269권에 달한다. '문헌학적 상상력'의 보고라 할까. 『논어』만 하더라도 12개 학파의 229권을 담고 있다. 인간의 감성과 예술에 관한 텍스트로 추정되는『악경』樂經도 사라졌다. 다만『예기』악기편과『순자』악론편을 통해 대강을 짐작할 수 있을 뿐이다.

서양에서는 기원전 5세기 이전 그리스 철학자들의 논저 대부분이 전해지지 않는다. 각기 다른 문헌에 실려 있던 단편적인 내용을 모은『소크라테스 이전 철학자들의 단편 선집』으로 그 일부만 만나 볼 수 있을 따름이다. 움베르토 에코의『장미의 이름』에서 중세 수도원에 비장되어 있는 것으로 나오는 아리스토텔레스의『시학』제2권은 오늘날 전해지지 않는다. 고전학자들은 아리스토텔레스가 희극을『시학』제2권에서 다뤘을 것으로 추정한다. 아쉬운 대로 1839년 발견된 한 필사본에 제2권의 내용을 요약한 것으로 추정되는 부분이 있다고 한다.

전란, 화재, 천재지변, 고의적인 파괴, 무지 및 무관심 등과 더불어 나무·양피지·종이 같은 책 만드는 재료의 물리적 소실消失도 책이 사라지는 원인이다. 근현대 문헌이라고 해서 안심할 수는 없다. 19세기 초부터 1980년 이전까지 나온 책 대부분은 산성지酸性紙로 만들었기 때문이다. 지천년견오백紙千年絹五百, 즉 종이는 1000년을 가고 비단은 500년을 간다 했지만, 전통 한지와 달리 변색되고 바스라지기 쉬운 산성지의 수명은 50~100년이다. 탈산 처리가 시급한 형편이다. 아무쪼록 2016년 말 국립중앙도서관에서 문을 연 탈산처리실이 제 역할을 하고 있기를 기대한다.

사서

"시몬, 너는 좋으냐 낙엽 밟는 소리가." 레미 드 구르몽의 시 「낙엽」의 유명한 구절이다. 구르몽은 파리 국립도서관에서 10년간 사서로 일하다가 1891년에 그만두어야 했다. 프랑스의 국수주의를 비판한 잡지 기고문이 문제가 된 필화筆禍였다.

「환상교향곡」으로 유명한 음악가 베를리오즈는 1826년 파리음악원에 입학하기 전부터 그곳 도서관에서 오페라 악보 등을 보며 공부했다. 베를리오즈는 자신이 공부한 작품이 공연되는 날이면 오페라극장을 찾아가, 연주가 조금이라도 틀렸을 때 소리쳤다. "누가 감히 멋대로 고치고 있어!" 그는 파리음악원 도서관에서 사서 역할을 했고 1852년에는 도서관장이 되었다.

도서관에서 일한 적 있는 역사상 유명 인물들은 다양한 분야에 걸쳐 있다. 고대 그리스의 학자 에라토스테네스, 철학자 라이프니츠와 데이비드 흄, 작가 레싱, 카사노바, 그릴파르처, 스트린드베리, 아흐마토바, 보르헤스, 프루스트, 화학자 조지프 프리스틀리, 교황 비오 11세, 미술가 마르셀 뒤샹, 혁명가 체 게바라와 마오쩌둥.

작가 로베르트 무질은 오스트리아 빈 공과대학교 도서관 사서로 일하던 중 글 쓸 시간을 내기 위해 신경쇠약 진단을 받아 내어 6개월 병가를 얻기도 했다. 그의 소설 『특성 없는 남자』에서 사서가 이렇게 말한다. "책 내용 속으로 코를 들이미는 자는 도서관에서 일하긴 글러 먹은 사람이오! 그는 총체적 시각을 가질 수

없단 말입니다." 수많은 책들의 서지 사항과 성격을 파악해야 하는 사서는 지식의 총체적 얼개를 관리하고 정리·배치·제공하는 사람이다.

사서의 역할을 책 대출과 반납 관리 정도로 잘못 아는 경우가 아직도 많다. 독서 프로그램을 기획하고 체계적으로 자료를 수집·관리하며 양질의 서비스를 제공하는 일은 높은 전문성과 사명감이 필요하다. 유네스코와 국제도서관연맹이 1994년에 채택한 '공공도서관 선언'은 사서를 "이용자와 자료 사이의 적극적인 중계자"로 정의한다.

번역서의 저자 서문 또는 감사의 말을 읽어 보면, 특정 도서관 사서의 이름을 거론하며 진심으로 감사의 뜻을 표하는 경우가 많다. 겉치레 인사말이 아니다. 책을 집필하면서 요긴한 자료를 찾고 활용하는 데 실질적인 도움을 받았을 것이기 때문이다. 미국의 적지 않은 대학 도서관들이 펠로십 프로그램을 운영한다. 학자나 작가가 도서관을 마음껏 이용하도록 하고 부가적인 혜택도 주는 것이다. 도서관 입장에서도 그 학자나 작가가 좋은 저작을 내면 해당 도서관의 성가가 높아진다.

사서 이용훈은 사서를 이렇게 말한다. "사서는 스스로 자기 삶을 만들어 가는 사람이나 사회에 필요한 정보와 자료, 지식과 지혜를 딱 맞게 제공함으로써 그들의 과제를 해결하도록 돕는, 그래서 그들에게 해결했다는 만족감과 함께 기쁨을 주는 정보 전문가다."

색인

'찾아보기'로 일컬어지는 색인索引은 책에서 중요한 단어나 항목, 고유명사 등을 쉽게 찾을 수 있도록, 그것들을 일정 순서에 따라 배열한 목록이다. 색인을 아날로그 해시태그라 보아도 좋을 것이다. 소설에는 색인이 필요 없어 보이지만, 미국 작가 마크 대니얼 레프스키는 소설『나뭇잎의 집』(2000)에 41페이지 분량 색인을 실었다.

색인의 초기 형태는 알파벳순 내용 목차였다. 12세기 후반부터 이런 형태의 색인이 확산되었다. 그러다 15세기 중반 활판인쇄 시스템 개발 이후 목차가 상세하고 색인이 별도로 실린 책이 늘어났다. 책 종수가 빠르게 늘면서, 책 속에서 정보를 효율적으로 찾아내는 것이 중요해졌기 때문이다. 오늘날 온라인 지식정보가 급증하면서 검색 기술이 발전하는 것과 비슷하다. 영어권에서 지금과 같은 형식의 색인이 실린 이른 사례로, 1595년에 나온 플루타르코스의『대비열전』對比列傳(『영웅전』) 영역본이 있다.

유교 경서를 통째로 외웠던 많은 조선의 선비들은 머릿속에 경서 색인과 검색엔진을 갖춘 셈이었다. 과거科擧 공부를 하는 선비라면 몇 글자 안 되는 단서를 제시하기만 해도 어느 경서, 어느 부분이라는 것을 즉시 떠올리며 해당 부분 전체를 말하거나 쓸 수 있었다. 지금은 상당수 옛 문헌을 온라인으로 검색할 수 있게 되면서 종이책 색인의 필요성이 예전 같지 않지만, 『사서색인』이나『한문사서 한글음순색인』같은 색인집이 유교의 사서四書 연구와 활용을 돕는다.

색인의 중요성은 백과사전에서 두드러진다. 2012년부터 종이책으로는 나오지 않지만 『브리태니커 백과사전』은 전 32권 가운데 두 권이 색인집이고, 단국대학교 동양학연구소의 『한한漢韓대사전』도 전 16권에서 한 권이 색인집이다. 프랑스 계몽주의 사상가들이 참여하여 1751년부터 펴낸 『백과전서』는, 1780년 색인 두 권을 간행함으로써 35권을 완성했다. 백과사전의 색인은 지식의 바다를 안내하는 해도海圖다.

전통 동아시아의 백과사전은 광범위한 문헌의 내용을 장르 혹은 주제에 따라 모으거나, 어구 첫 자 혹은 끝 자의 운韻에 따라 배열·정리한 유서類書였다. 유서는 선집과 색인집 구실도 어느 정도 했다. 다만 유서 자체에는 색인이 없으며, 간혹 있더라도 대부분 후대 사람들이 작성하여 덧붙인 것이다.

서점에서 책 고르는 이들은 표지와 목차, 서문을 살피고 본문을 펼쳐 본다. 색인이나 참고문헌은 살피지 않는 사람이 많다. 하지만 색인을 잠깐 훑어보기만 해도 책에서 무엇을 얻을지 가늠할 수 있다. 한편 책을 읽을 때 역시 색인이 있어도 활용하지 않는 경우가 많다. 필요성을 느끼지 못하기 때문일 텐데, 일부러라도 색인 부분을 쭉 살펴보면 좋다. '책에 이런 부분, 이런 내용도 있구나' 하는 일종의 발견을 경험할 수 있을 것이다. 책 한 권을 다 각도에서 읽고 폭넓게 충분히 활용할 수 있는 길이 색인에 있다.

서문

책의 서문을 읽어 보면 책 내용의 대강과 함께 저자의 집필 의도나 목적을 가늠할 수 있다. 서문은 배치하기로는 가장 앞이지만 쓰기로는 원고를 마무리지은 다음이다. 책 내용의 축도縮圖이자 저자의 집필 회고이기 때문이다. 그런 서문 쓰기가 무척 어렵다고 토로하는 저자들이 많다.

대부분 책의 서문에는 '감사의 말' 내용도 포함되지만 미국이나 유럽에서 나온 책에는 감사의 말이 별도로 배치된 경우가 드물지 않다. 이른바 'Acknowledgment'다. 학위논문에도 지도교수, 논문 심사위원들, 선후배 동학, 가족 등에게 감사의 뜻을 표하는 부분을 별도로 두기도 한다.

"별이 총총한 하늘이 갈 수 있고 또 가야만 하는 길들의 지도인 시대, 별빛이 그 길들을 훤히 밝혀 주는 시대는 복되도다." 루카치 죄르지의 『소설의 이론』에서 사실상 서문 구실을 하는 제1부의 1장 「완결된 문화들」의 첫 부분이다. 책을 읽지 않았어도 이 부분만은 알고 있는 사람들이 적지 않다.

요한 하위징아의 『중세의 가을』 서문은 역사에 대한 관심의 일반적 성격을 잘 요약한 것으로 유명하다. "우리가 과거에 대해서 눈길을 돌리는 것은 주로 새로운 것의 근원을 찾기 위해서이다. 우리는 후대에 와서 찬란하게 빛나는 새로운 아이디어와 생활 형식이 어떤 경로로 생겨나게 되었는지 그 근원을 알고 싶은 것이다. 우리는 대체로 보아 후대의 시대를 밝혀 주는 데 도움이 되는 관점에서만 과거를 살펴본다."

서문이 책 한 권에 국한되지 않고 저자의 사상 전반을 요약한 경우도 있다. 칸트의『순수이성비판』서문이나 헤겔의『정신현상학』서문이 그러하다. 주자가『대학』과『중용』을『논어』,『맹자』와 함께 사서四書로 재편하며 집필한 「대학장구서」大學章句序와 「중용장구서」中庸章句序도 성리학의 중요한 텍스트가 되었다.

전통 동아시아의 문집에는 서序 외에도 책 말미에 본문의 대강이나 간행 경위, 저자 관련 사항 등을 정리한 발문跋文을 실었다. 첫머리에는 제사題詞라 하여 책 내용이나 출간 의미에 관한 운문韻文을 싣기도 했다. 문집은 저자 사후 간행이 관례이니 서, 발문, 제사 등은 저자가 쓴 것이 아니다. 정몽주 문집『포은집』에는 송시열, 노수신 등이 쓴 서와 유성룡, 조호익 등이 쓴 발문이 있다.

문학평론가 고 김윤식 서울대 명예교수는 43년간 쓴 머리말 151편을 모아『김윤식 서문집』을 펴냈다. 단독 저서 140권, 번역서 일곱 권, 편서 세 권, 공저 한 권 등에 수록된 서문들이며 개정증보판 서문까지 포함시켰다. 우리나라에서 가장 유명한 서문은 윤동주의 「서시」序詩일 것이다. '서시'라는 제목은 유고 정리와 출간 과정에서 유고 전체의 서序에 해당한다는 의미를 살려 붙인 것이다. 시인의 삶과 사상이 오롯하게 깃든 「서시」는 그 자체로 하나의 빼어난 '시적詩的 서문'이다.

서재

저명한 작가의 서재가 보존되어 일반에 공개되는 경우가 있다.
일본 기타큐슈 고쿠라의 마쓰모토 세이초 기념관에는 작가가 도
쿄에서 살던 집 일부가 그대로 옮겨져 있다. 방대한 장서를 갖춘
서재도 책 배치까지 본래 모습대로다. 일본 추리문학의 거장 마
쓰모토의 팬들에게는 단연 성지다.

상트페테르부르크의 도스토옙스키 기념관은 원래 작가가
1878년부터 별세할 때까지 2년여간 살던 곳이었다. 그리고 바로
이곳에서 『카라마조프가의 형제들』(1880)이 탄생했다. 도스토
옙스키는 서재에 좀처럼 다른 사람을 들이지 않았다. 그의 딸이
회고한 아버지의 습관은 이랬다. "서재의 모든 물건이 정해진 위
치가 있었다. 집필할 때 가장 편한 위치에 배치했다고 하셨다. 신
문지, 담배, 편지, 책 등 어느 것 하나 예외가 없었다."

유네스코 세계기록유산으로 등재된 개인 서재도 있다. 장서
2만 2000여 권과 원고 등이 책장 25개와 나무 궤에 보존돼 있는
레프 톨스토이의 서재다. 톨스토이의 친가와 외가 삼대에 걸쳐
이룩된 이 서재에는 육필 원고 7만여 점과 편지 5만여 통, 사진 및
영상 자료도 있다. 18~19세기 러시아 귀족 계층의 지적 생활을 이
곳에서 들여다볼 수 있다.

베이징의 루쉰 박물관 겸 루쉰 고거故居에는 작가가 '호랑이
꼬리'老虎尾巴라 이름 붙인 서재가 있다. 루쉰이 서재에서의 한 순
간을 말한다. "원고를 교정하고 편집하는데 석양이 서쪽으로 저

물어 빛을 밝혀 주니 마치 등불 같았다. 순간 눈앞에 청춘의 여러 장면들이 전광석화처럼 지나가며 내 몸을 둘러싸 안았다."

피렌체에서 추방당한 마키아벨리는 『군주론』(1513)을 집필하고 친구 프란체스코 베토리에게 이런 편지를 보냈다. "저녁이 오면 난 집에 돌아와 서재로 들어가네. 문 앞에서 온통 흙먼지로 뒤덮인 일상의 옷을 벗고 왕궁과 궁중의 의상으로 갈아입지. (……) 이 네 시간 동안만은 나에게 아무런 고민도 없다네. 모든 근심 걱정을 잊어버린다는 말일세. 쪼들리는 생활도 나아가 죽음까지도 나를 두렵게 하지는 못하네."

집에서도 가족들이 각자 스마트폰 들여다보기 일쑤인 우리에게 90년 전 『동아일보』 독자 김용배 씨가 제안한다. "우리에게는 소위 서재란 것이 없습니다. 사랑방은 서재와 유사하기는 하나 이것은 남자만 쓰는 객실이요, 부인에게는 아무 인연도 없습니다. 방이 부족해서 어찌할 수 없으면 모르겠거니와 될 수만 있거든 남녀와 노소가 공동으로 쓰는 서재를 마련합시다."

나는 서재에 관한 한 할 말이 별로 없다. 아내보다 내가 먼저 작가 생활을 시작했고 수입이 더 많다는 암묵적인 명분을 바탕삼아 제법 넓은 서재를 혼자 차지하고 앉아 있기 때문이다. 반면 동화를 쓰는 작가인 아내는 거실에 놓인 식탁에서 읽고 쓴다. 버지니아 울프가 말한 '자기만의 방'이 없는 아내의 작품 생산성이 나보다 더 높고 보니, 아내 앞에서 더욱 부끄러워진다.

서점

클릭 몇 번으로 책을 찾고 주문하여 받아 보는 온라인 서점이 대세다. 2014년부터 출판사 매출에서 주요 온라인 서점 매출 비중이 대형 오프라인 서점을 앞질렀다. 온라인 서점은 삶의 기억과 개인의 역사가 깃드는 장소로서의 서점은 아니다. 10년간 서점에서 일한 작가 루이스 버즈비가 그런 역사적 장소로서의 서점을 말한다.

"서점을 지배하는 무언의 규칙은 여타의 소매업을 지배하는 규칙과는 전혀 다르다. (……) 한참 동안이나 매장을 서성거린 후에야 겨우 책 한 권을 산다 해도 서점 직원 중 누구도 개의치 않는다. 서점에서는 얼마든지 죽치고 있을 수가 있는 것이다. 때로는 몇 시간씩이라도 말이다."

서점이 낭만으로만 기억되는 건 아니다. 1934년 11월부터 1936년 1월까지 런던의 헌책방에서 일한 작가 조지 오웰이 서점 현장을 증언한다. "우리 서점은 예외적으로 흥미로운 책들을 많이 소장하고 있었으나, 손님들 중에 10분의 1이나마 그 진가를 알았을까 싶다. 초판 밝히는 속물들이 문학 애호가들보다 더 흔했고, (……) 우리 가게에 오는 사람들 중 상당수는, 어딜 가나 성가신 존재이겠지만 서점에 와서 특별한 기회를 누리려고 하는 부류였다."

헤르만 헤세는 고등학교를 자퇴한 뒤 서점 견습생으로 며칠 일하다가 그만두었다. 이후 그는 우여곡절 끝에 튀빙겐의 서점에

취직한 다음부터 정신적 안정을 되찾으며 독서와 습작에 몰두하기 시작했다. 스위스 바젤로 옮긴 뒤에도 그곳 라이히 서점과 바텐빌 고서점에서 일했으니 '작가 헤세를 키운 건 8할이 서점'이었다. 이러한 '서점원 헤세'는 프랑스 작가 앙드레 모루아가 말한 다음의 서점 주인과 비슷하지 않았을까.

"그 남성은 최선을 다해 책을 고르고 손님에게 도움이 되는 말을 해 주었으며, 또 작가나 독자에 대한 정성도 대단했습니다. 그의 피라미드는 다른 사람 눈에는 초라해 보일지 모르지만 내 눈에는 위대한 성취로 가득한 하늘을 향해 힘찬 도약을 하고 있는 것처럼 보였습니다."

1968년 국제출판협회IPA는 '도서 헌장'을 통해 다음과 같이 공표했다. "도서는 단순히 종이와 잉크로 만들어진 상품만은 아니다. 도서는 인간 정신의 표현이며 사고의 매체이며 모든 진보와 문화 발전의 바탕이다." 이를 '서점 헌장'으로 바꿔 봐도 좋겠다. "서점은 단순히 상품을 파는 매장만은 아니다. 서점은 인간 정신 교류의 장이며 생각의 발전소이며 모든 진보와 문화 발전의 바탕이다."

우리나라의 서점은 1996년 5378개로 정점을 기록한 후 계속 줄어 2019년 말 기준 1976개다. 기초자치단체 가운데 인천 옹진군, 전남 신안군, 경북 영양군과 울릉군, 경남 의령군 등 다섯 곳은 서점이 하나도 없다. 서점이 딱 하나 있는 '서점 멸종 예정 지역'은 마흔두 곳에 이른다.

월드컵이나 올림픽 같은 스포츠 행사가 열리면, 책을 향하던 눈길도 자꾸 TV 쪽으로 가기 마련이다. 실제로 이런 행사는 도서 매출에 영향을 주기도 한다. 동적인 스포츠와 정적인 독서는 무관한 것에서 더 나아가 상극 관계 같다. 하지만 조금만 깊이 들여다보면 그렇지 않다.

나이키 공동 창업자이자 전설적인 육상 코치인 빌 보워먼 (1911~1999)은 1960년대 초 3페이지 분량의 조깅 매뉴얼을 작성해 배포했다. 이 매뉴얼이 큰 주목을 받자 보워먼은 심장병 전문의와 함께 90페이지 분량 책자 『조깅』(1966)을 출간했다. 이 책은 100만 부 이상 팔리면서 미국에 조깅 붐을 일으켰고, 이듬해 127페이지 분량 개정판이 나왔다. 책을 통해 미국 생활체육의 새로운 분야와 시대가 열린 것이다.

2002년 월드컵 축구 대회에서 우리 대표팀을 4강으로 이끈 거스 히딩크 감독의 망중한은 독서와 음악 감상으로 채워진다. 전지훈련 떠날 때 그의 가방에는 책이 한가득 들어 있었다. 그것도 모자라 그는 별도로 큰 박스에 책을 넣어 갔다. 소설과 역사책을 주로 읽으며 심리에 관한 책도 자주 읽는 편이라고 한다. 히딩크 특유의 리더십과 화법을 독서가 뒷받침한다.

이만수 전 프로야구 SK 감독은 읽을 만한 에세이집이 나오면 어김없이 챙겨 읽는다. 2013년 시즌 개막 전 그는 스포츠 정신의학 전문의가 쓴 심리교양서 『마음속에는 괴물이 산다』를 선수단에 선물했다. 또 그해 시즌 7월에는 박찬호 선수의 자전 에세이 『끝이 있어야 시작도 있다』 90권을 선물했다. 코치와 선수 한 사람 한 사람에게 다른 내용의 메시지를 책에 적어 선물하는 '독서 리더십'을 펼친 것이다.

야구가 사라진 가상의 미래 세상에서 야구에 대한 집념을 키워 가는 별난 사람들의 이야기가 펼쳐지는 소설, 다카하시 겐이치로의 『우아하고 감상적인 일본 야구』다. 박민규의 『삼미 슈퍼스타즈의 마지막 팬클럽』은 스테디셀러 소설이 된 지 오래다. 축구 보는 것을 좋아하고, 축구를 직접 하는 것을 미치도록 좋아하는 여자들의 이야기를 중심으로 써 내려간 에세이집, 김혼비의 『우아하고 호쾌한 여자 축구』도 있다.

스포츠의 범위를 어디까지로 보느냐에 따라 달라질 수 있겠지만, 우리나라에서 스포츠 관련 도서 최초 베스트셀러는 스포츠 기자 출신 국홍주가 쓴 『운명의 9회말』(1979)이다. 이 책에서는 광복 이후 야구계 이야기, 고교 야구 일화들, 미국 야구 초기 이야기 등이 펼쳐진다.

새가 좌우 양 날개로 난다면 사람에게는 독서와 운동이라는 양 날개가 있다. 새는 날고 물고기는 헤엄치며, 사람은 달리고 읽는다. 1931년 9월 24일 자 『동아일보』 사설에서 말한다. "근래에 이르러 조선 청년 간에 독서의 열과 스포츠의 열이 왕성하여 가는 것은 경하할 현상이다. 학문과 체육은 실로 문화의 원천이다. (……) 고대의 지용知勇이라는 말은 현대어의 독서와 스포츠의 이구동의異句同意의 말로 개변改變되지 않으면 안 된다."

아동문학

영어로 쓰인 현존하는 가장 오래된 어린이 책은 1667년 영국에서
출간된 『아이와 소년을 위한 안내서』다. 목판 삽화를 곁들인 이
책은 글 읽고 쓰는 법, 셈하는 법 등과 함께 도덕적·종교적 교훈
도 일깨워 준다. 가령 알파벳 'D'는 "밤중에 개dog가 도둑을 물 거
예요"라는 문장과 이를 묘사한 그림으로 배우게 되어 있다. 근대
아동문학 작가로는 17세기 프랑스의 샤를 페로가 유명하다. 그의
동화집 『옛날이야기』, 즉 『페로 동화』에는 우리가 잘 아는 「빨간
모자」, 「잠자는 숲속의 미녀」, 「장화 신은 고양이」 등이 실렸다.

한참 거슬러 올라가면, 기원전 20세기경 수메르의 슬기 왕
의 왕비가 지은 것으로 추정되는 자장가가 가장 오래된 아동문학
이라는 주장이 있다. "잠이 온다, 잠이 온다, 내 아이야 잠이 온다.
말똥말똥 두 눈에도 재잘재잘 혀에도 잠이 온다." 자장가를 사
람이 태어나 겪는 첫 예술적 경험이라고 한다면 일리 있는 주장
이다.

일본에서는 1891년 하쿠분칸博文館 '소년문학총서' 제1편으로
나온 이와야 사자나미巖谷小波(1870~1933)의 『고가네마루』こがね丸
가 최초의 창작 아동문학 작품이다. 첫 아동문학 잡지는 스즈키
미에키치의 주도로 1918년 7월 창간되어 1936년 8월까지 이어진
『빨간 새』였다. 중국에서는 예성타오葉聖陶(1894~1988)가 1921년
에 쓴 「하얀 돛단배」와 이듬해에 쓴 「허수아비」가 창작 아동문학
의 출발로 평가된다. 예성타오는 1923년 중국 최초의 아동문학

작품집 『허수아비』를 펴냈다.

우리 아동문학의 출발점은 방정환이 주도하여 1923년 3월 창간된 잡지 『어린이』다. 이 잡지를 통해 최초의 창작 동화인 마해송의 『바위나리와 아기별』이 널리 알려지게 됐다. 이 작품은 1923년 개성에서 발행되던 잡지 『샛별』에 처음 발표되었다. 방정환은 1920년 8월 『개벽』 제3호에서 '어린이'라는 말을 처음 사용했으나, 이 말이 널리 인식된 것은 역시 잡지 『어린이』를 통해서였다.

우리나라의 대표적인 인터넷 서점 한 곳의 아동문학 판매 부수는 2012년 820만 부에서 2016년 730만 부로 줄었다. 대표적인 오프라인 서점의 아동 출판물 판매량도 같은 기간 동안 89퍼센트 수준으로 떨어졌다. 출산율 감소 외에 아동용 동영상 콘텐츠의 인기가 높은 탓도 있다. 오늘날에는 책 읽어 주는 부모보다 동영상 속 캐릭터가 많은 아이들에게 더 익숙하다. 아이들은 리더 reader가 아니라 유저 user로, 즉 독자가 아니라 사용자로 자라난다. 시인 백석이 동화 문학에 관해 말한다.

"우리 동화 작품에서는 찬란하고 호화로운 많은 조사들을 볼 수 있다. 그러나 이런 언어는 소박하지 못하고 형상력이 약한 것들로서, 그 대부분이 수식을 위한 언어이며 동화의 시정과 피로써 통한 언어는 아닌 것이다. 소박하고 투명하고 명확하고 간소한 언어야말로 아동 독자들의 창조적 환상을 풍부하게 할 수 있으며 (……)."

언어

이효석은 1930년대 말부터 소설과 산문 여럿을 일본어로 썼다. 마지막 장편소설은 1940년 잡지에 연재한 일본어 소설 「녹색의 탑」이다. 이 작품은 『이효석 전집』 제6권에 우리말로 번역되어 실려 있다. 한편 김사량이 일본어로 쓴 단편 「빛 속에」(1939)는 일본의 아쿠타가와상 후보에도 오른 바 있다. 1938년 이후 '조선어' 금지 및 탄압이 본격화되면서 작가들은 창작을 중단하거나, 우리말로 집필하되 발표하지 않거나, 일본어로 집필하는 수밖에 없었다.

이미륵(본명 이의경)은 1920년 독일에 도착하여 독일 잡지에 「하늘의 천사」(1931)를 발표한 이후 여러 작품을 독일어로 발표했다. 대표작 『압록강은 흐른다』(1946)는 큰 주목을 받으며 일부가 독일 교과서에 실리기도 했다. 강용흘은 1919년 북미로 이주해 영어로 된 자전적 장편소설 『초당』(1931)을 발표하며 작가 생활을 시작했다. 김은국은 1954년 미국으로 건너가 영어 소설 『순교자』(1964)로 큰 명성을 얻었다.

폴란드 출신 영국 작가 조지프 콘래드는 선원 생활을 하다가 1878년 영국에 정착하고 1894년 서른일곱 살 때부터 본격적으로 작가의 길을 걸었다. 그는 스무 살이 넘어서 영어를 처음 배우기 시작했다. 영국에 도착할 당시 그가 아는 영어 단어는 열 개를 넘지 않았다. 중국 출신 미국 작가 하진도 스무 살 무렵부터 직장에 다니며 영어를 독학하기 시작했다. 서른 살 때 미국으로 건너가 영문학 학위를 받고 영어 소설로 전미도서상, 펜포크너상 등을 수상했으며 현재 보스턴대 영문과 교수로 재직 중이다.

2000년 노벨 문학상을 수상한 가오싱젠은 1988년 프랑스로 망명했다. 중국에서 반체제 작가로 지목되고 작품이 금서가 되었기 때문이다. 그는 중국어는 물론 프랑스어로도 작품을 쓰고, 자신의 작품을 직접 프랑스어로 번역하기도 한다. 러시아에서 태어나 유럽을 거쳐 미국에 정착한 블라디미르 나보코프는 러시아어로도 영어로도 작품을 썼다. 러시아어 작품 중에서는 『절망』이 특히 높이 평가받는다. 나보코프는 또한 자신의 영어 소설을 직접 러시아어로, 러시아어 소설을 영어로 옮겼다. 그는 러시아어에 더하여 프랑스어, 영어까지 사용하는 집안에서 태어나 자랐다.

퓰리처상을 수상한 인도계 미국 작가 줌파 라히리는 자신의 모어라 할 영어가 아닌 이탈리아어로 산문을 써서 『이 작은 책은 언제나 나보다 크다』, 『책이 입은 옷』 등을 펴냈다. 20년간 이탈리아어에 매료되어 꾸준히 익힌 결과다. 작가에게는 언어의 국적이나 정체성 못지않게 언어 그 자체도 중요하다. 줌파 라히리가 말한다.

"어렸을 때부터 나는 내 말에만 속했다. 난 나라도, 확실한 문화도 없다. 난 글을 쓰지 않으면, 말로 일하지 않으면 이 땅에 존재한다고 느끼지 못하는 것 같다. 말은 무엇을 의미할까? 그리고 삶은? 결국 같은 것이리라. 말이 여러 측면과 색조를 갖고 있고 그래서 복합적인 특성을 갖고 있듯 사람도 인생도 마찬가지다."

여름

"관 쓰고 띠를 매니 발광하여 소리치고 싶은데, 서류는 어찌 이리도 밀려드는가. 남쪽 골짜기 푸른 솔 펼쳐진 것 바라보긴 하지만, 어찌 해야 맨발로 두꺼운 얼음 밟아 볼까나."

당나라의 두보杜甫도 무더위를 견디기 어려웠나 보다. 의관을 정제하고 일에 몰두하자니 숨이 턱턱 막히고 땀이 흘러 답답해 미치겠다는 것 아닌가. 연암 박지원은 이럴 때 어떻게 했을까? 그가 사촌 형에게 보낸 편지에서 말한다.

"뭇 사람들은 무더위나 매서운 추위를 만나면 알맞게 대처하는 방법을 모르고 있나 봅니다. 옷을 벗거나 부채를 연신 휘둘러 본들 불꽃같은 뜨거움을 견디지 못하면 더욱 덥기만 하고, 화롯불을 쪼이거나 털배자를 껴입어도 차가움을 물리치지 못하면 더욱 떨리기만 하니, 이런 것들은 모두 독서에 마음을 붙이는 것만 같지 못합니다. 자기 가슴속에서 추위나 더위를 일으키지 않아야 하는 것이지요."

박지원과 같은 시대의 정조 임금은 "더위가 아무리 대단해도 정사를 돌보는 틈틈이 독서를 중단한 적이 없다"고 자부하면서 "더위를 물리치는 데 독서만큼 좋은 게 없다"고 말한다. 책을 읽으면 몸을 바르게 할 수 있고 마음이 굳건해져 더위와 같은 바깥 기운을 막을 수 있다는 것이다. "지나치다 싶을 정도로 공부하지 않으면 마음이 편치 않았고 열심히 책 읽으면 오히려 피로가 풀렸다"는 정조이니 보통 사람들은 따라 하기 힘든 경지다.

가장 시원하게 적나라한 여름 독서를 한 인물은 영국의 낭만파 시인 퍼시 비시 셸리(1792~1822)다. 그는 무더운 여름날 나체로 시원한 곳 바위에 걸터앉아 책을 읽곤 했다는데, 특히 헤로도토스의 『역사』가 땀 식히는 데 좋았다고 한다. 셸리의 '나체 독서'를 따라 할 수는 없는 일이니 황동규 시인의 '탁족'濯足에 책을 더하면 족할 법하다.

"휴대폰 안 터지는 곳이라면 그 어디나 살갑다 / (……) 알맞게 사람 냄새 풍겨 조금 덜 슴슴한 / 부석사 뒤편 오전梧田약수 골짜기 / (……) 시냇가에 앉아 구두와 양말 벗고 바지를 걷는다."

요즘엔 책맥을 즐기는 사람들, 그러니까 책 읽으며 맥주를 곁들이는 사람들이 늘고 있다 한다. 책맥의 원조라 할 조선의 허균이 『한정록』閑情錄에서 말한다. "해가 져 더위가 좀 가신 저녁 무렵 술 석 잔이면 기분이 좋아진다. 더위를 이기는 좋은 방법이 독서인데 술까지 있으니 무슨 말을 더하랴."

독서로 피서한다고는 하지만, 솔직히 말해 에어컨으로 시원해진 공간이 아니라면 책에 집중하기 어렵다. 여름 휴가철 해변 파라솔 아래서 느긋한 자세로 책 읽는 풍경이 서양인들의 피서 모습으로 TV에 나오기도 하지만, 그걸 실제로 해 보니 30분 이상 집중하기 어려웠다. 그냥 바닷물에 몸 담그는 편이 낫더라는 것. 개인 취향 따라 다르겠지만 나는 에어컨 바람 시원한 카페에서 책 펼치고 앉을 때 비로소 두세 시간 정도 책에 집중이 된다.

여백

헌책방에서 산 책 가운데 예전 주인이 여백에 메모를 해 놓은 책이 가끔 있다. 어차피 헌책을 산 것이니 그런 메모가 있다 한들 개의할 일이 아닐뿐더러 오히려 어떤 뭉클한 기분이 들기도 한다. 오래전 이 책을 읽으며 자기 생각을 여백에 메모했던, 이름도 얼굴도 모르는 책 주인의 독서열이 사뭇 생생하게 느껴지는 것이다. 그 옛 주인과 새 주인인 내가 소통하는 느낌마저 든다.

"그대의 책을 빌려주십시오. 단 콜리지 같은 사람에게 빌려줘야 합니다. 그러면 그 사람이 엄청난 이자를 붙여서 책을 돌려주지요. 주석을 달아 책의 가치를 세 배로 불려 줄 겁니다." 영국 작가 찰스 램이 친구인 시인 새뮤얼 테일러 콜리지(1772~1834)를 두고 한 말이다. 콜리지에게 책 빌려줬다가는 여백에 메모가 빼곡해진 채로 돌려받기 일쑤였지만, 친구들은 그 메모를 귀히 여겼다. 콜리지의 메모는 나중에 단행본 다섯 권으로 출간됐다.

소설가 조지프 콘래드는 항해사 생활 중 독서에 탐닉하면서 플로베르의 소설 『보바리 부인』 여백에 메모를 채워 나갔다. 콘래드의 첫 작품 『올메이어의 어리석은 행동』(1895)은 그러한 메모의 결실이다. 소설 『롤리타』로 유명한 블라디미르 나보코프는 플로베르, 조이스, 카프카 등의 작품 여백에 메모를 달아 그 내용을 문학 강의에 활용하고 책으로도 펴냈다. 그에게 여백은 요즘 말로 '작업 플랫폼'이었던 셈이다.

역사상 가장 유명한 여백 메모는 수학자 피에르 드 페르마

(1601~1665)가 디오판토스의 『아리스메티카』, 즉 『산학』算學에 남긴 메모일 것이다. "나는 놀라운 방법으로 이 정리定理를 증명했지만 여백이 부족하여 증명을 여기에 적지 않는다." 페르마는 수학 정리들을 메모해 두면서 증명은 빼놓곤 했다. 그런 것들 중 1993년 앤드루 와일스가 증명할 때까지 미해결로 남아 있던 것이 유명한 '페르마의 마지막 정리'다.

작가 에드거 앨런 포는 책을 손에 넣을 때마다 '넓은 여백'을 간절히 원했다. "여백은 저자와 다른 견해, 저자에 대한 동의, 비판적 언급, 나만의 생각 등을 적어 넣는데 요긴한 시설이기 때문"이었다. 그렇게 책의 여백에 적은 메모를 뜻하는 영어 단어로 마지널리아marginalia가 있다. 방주旁註, 난외주欄外註, 행간주行間註 같은 말도 있지만 여백 메모라 하는 편이 쉽게 다가온다.

여백 메모를 통해 독자는 본문과 같은 지면에서 저자와 동격으로 대화하고, 때로는 행간에 침입하여 저자와 맞서면서 새로운 텍스트를 창조해 낸다. 이러한 창조성 면에서 보면 독자가 곧 저자이기도 하다는 것을, 저자와 독자는 일종의 공저자임을 미셸 투르니에는 이렇게 말한다. "책 한 권에는 무한한 저자들이 있다. 그 책을 읽은 사람, 읽는 사람, 읽을 사람 전체가 책을 쓴 사람에 더해져야 마땅하다."

책과 기꺼이 어울리되 그 내용에 일방적으로 휩쓸리지 않는 화이부동和而不同의 경지. 여백 메모가 그 경지를 가능케 한다. 비평가 조지 슈타이너에 따르면 "지식인이란 간단히 말해서 책 읽는 동안 펜을 드는 사람이다".

여성

최초의 여성 작가는 누굴까? 지금까지 알려지기로는 기원전 7세기경 그리스의 서정시인 사포다. 사포는 아홉 권 분량 시를 썼다고 하지만 전해지는 것은 몇 편 되지 않는다. 여성이 쓴 최초의 장편은 10세기 말에서 11세기 초에 활동한 일본의 무라사키 시키부가 쓴 『겐지 이야기』源氏物語다. 당시 귀족 사회를 무대로 주인공 히카루 겐지의 사랑과 삶이 70여 년 세월에 걸쳐 400명 넘는 인물과 함께 펼쳐진다. 우리말 번역본은 2007년에 전 10권으로 나왔다.

고대 중국에선 한나라 성제成帝의 후궁 반염班恬, 즉 반첩어가 유명하다. "제나라 고운 비단 새로 자르니 / 깨끗하기 마치 눈서리 같구나. / 말라서 합환선을 만들었는데 / 밝은 달 모습처럼 둥그렇구나. / 임께서 출입할 제 손에 들고서 / 흔들흔들 시원한 바람을 일으키네. / 언제나 근심키는 가을이 와서 / 싸늘한 바람이 무더위 앗아 가면. / 고리 속에 깊숙이 내던져져서 / 사랑하심 중도에 끊어질까 함일세." 비단 부채에 자신을 견주어 여름에는 사랑받다가 가을엔 버려지는 아픔을 그린 「원가행」怨歌行이다.

우리 역사에서 문집을 남긴 최초의 여성 문인은 허난설헌(1563~1589)이다. 허난설헌은 자신의 글을 불태우라 유언했지만 동생 허균이 누이의 작품을 모아 1608년에 『난설헌집』蘭雪軒集을 간행했다. 오늘날 전해지는 내용은 숙종 18년(1692) 동래부에서 중간한 판본에 바탕을 둔다. 『난설헌집』은 중국에서도 인기를 끌었고 1711년 일본에서도 간행되었다.

우리나라에서 여성이 발표한 최초의 근대 장편소설은 박화성(1903~1988)이 1932년『동아일보』에 청전 이상범의 삽화와 함께 연재한「백화」白花다. 고려 말 간신배들의 모함으로 아버지를 잃은 주인공이 시련을 극복하고, 아버지의 억울함을 풀어낸다는 것이 주된 줄거리다. 이 소설은 여성 작가 최초의 장편 연재물이기도 했다. 연재 당시엔 이런 규모의 긴 작품을 쓰는 작가가 여성일 리 없다는 의문이 제기되기까지 했다.

2017년은 우리 근대 여성 작가 최초의 문학작품, 김명순(1896~1951)의 단편「의심의 소녀」발표 100주년을 맞은 해였다. 이 소설은 1917년 잡지『청춘』의 현상모집 3등 입상작으로, 축첩 제도의 억압과 폭력 속에 대를 이어 고통받는 여성의 삶을 그렸다. 최초의 근대 여성 작품집이자 시집은 김명순의『생명의 과실』(1925)이다. 이 책에 실린 시「창궁」蒼穹에서는 가을을 이렇게 노래한다. "파아란 가을 하늘 우리들의 마음이 엄숙할 때 감미로운 기도로 채워서 말없이 소리 없이 웃으셨다."

오랜 세월 여성 문학인들은 여류女流로 일컬어졌다. '어떤 전문적인 일에 능숙한 여자'를 이르는 여류라는 말은 있어도, 같은 맥락의 남류男流는 없었다. 이는 곧 여성이 전문성의 잣대로만 평가되진 않았다는 뜻이며, 여성 작가는 역사와 사회의식이 부족하다는 편견마저 없지 않았다. 그러나 많은 여성 작가들은 현실과 역사에 대한 투철한 인식을 바탕으로 보편적 인간의 문제를 형상화했다.

여행

휴가 여행지에서 사람들이 느긋하게 책 읽는 모습을 유럽이나 미국 풍경이 나오는 방송 화면에서 가끔 볼 수 있다. 조선의 사가독서賜暇讀書는 현직 관리들에게 특별 휴가를 주어 직책은 유지한 채 직무에서 벗어나 책 읽고 연구할 수 있도록 하는 제도였다. 시간도 돈도 마음의 여유도, 어디 멀리 여행 떠나기도 어려운 형편이라면 어떻게 해야 할까?

"와유臥遊란 몸은 누워 있으나 정신은 노니는 것이다. 정신은 마음의 영靈이요, 영은 이르지 못하는 곳이 없다. 불빛처럼 순식간에 만 리를 갈 수 있기에 사물에 기대지 않아도 될 듯하다. 이에 앉은 자리에서 감상하더라도 마음이 가지 못하는 바가 없다." 성호 이익의 「와유첩발」臥遊帖跋에 나오는 말이다. 유홍준 교수는 『나의 문화유산답사기』 남한강편 머리말에서 와유를 말한다. "이 책이 꼭 현장에 가보지 않는다 하더라도 남한강의 산수를 누워서 즐기는 와유가 되기를 바란다."

사신단에 속하지 않는 한, 조선에서 해외여행을 떠나기는 불가능에 가까웠다. 조수삼(1762~1849)도 사신단을 따라 중국을 다녀왔지만 더 많은 나라의 사정이 궁금했다. 그는 명나라 지리서 『방여승략』方輿勝略을 읽고 아쉬움을 달랬다. 그러곤 이 책에 나오는 80여 개 나라의 문물과 습속, 풍토 등을 시와 산문으로 풀어 낸 「외이죽지사」外夷竹枝詞를 남겼다. "먼 곳으로 여행하고 싶은 뜻에서遠遊志 지었다"는 말이 사뭇 간절하다. 살마아한撒馬兒罕, 즉 중앙아시아 사마르칸트에 관한 대목을 한번 살펴보자.

"땅은 오곡에 적합하고 왕은 높고 넓은 궁에 살며, 시장이 번성하여 변방의 물산이 다 모인다. 세밀한 공예가 발달하여 무늬 새겨 조각하고 수놓은 비단을 짜며, 금박으로 새겨 경전을 만들고 보물이 많다." 실제로 가 보진 못했으나 읽고 들은 것을 바탕으로 쓴 글이고, 독자들도 여행을 대신하여 이 글을 읽었을 테니 철두철미 와유문학이다.

조선 후기에는 산수 유람에 관한 시문을 모아 편찬한 와유록 臥遊錄이 유행했다. 실제 유람에 참고하는 여행 안내서 구실도 했지만, 그보다는 시문을 통해 간접적으로 유람하는 용도로 많이 읽혔다. 말 그대로 와유를 위한 기행문학 선집이었던 것이다. 서유구는 산수가 그려진 병풍을 '와유하게 하는 물건'이라 했다. 허균은 산천의 모양을 그려 넣은 지도를 보며 와유하곤 했다.

서양에서 독서와유의 일인자는 철학자 칸트가 아닐까 한다. 칸트는 태어난 도시에서 평생 한 번도 멀리 여행한 적이 없었지만, 독서로 쌓은 간접 견문이 워낙 풍부하여 마치 살다가 금방 돌아온 것처럼 외국 사정과 풍광을 묘사할 수 있었다. 독서와유는 편한 자세로 어디서든 임할 수 있으며, 돈이 많이 들지 않고 일정 조절이 자유로운 데다 떠날 곳도 무궁무진하다. 사정상 휴가 여행을 떠나기 어렵다면, 서점에서 여행기 고르는 것을 출발로 독서와유를 떠나 볼 일이다.

역자 후기

책 본문 뒤에 덧붙여 기록한 글을 후기_{後記}라 한다. 소설책에도 작품이나 창작 과정에 관한 작가 자신의 생각이 후기로 실리곤 한다. 독자에게 큰 도움이 되는 후기는 번역서의 '역자 후기' 또는 '옮긴이의 말'이다. 책의 역자는 그 책을 가장 꼼꼼하게 읽은 첫 독자이기도 하다. 그런 역자가 책의 배경과 대강을 소개하고 핵심을 설명하는 역자 후기는 간략한 해제_{解題} 구실을 한다.

번역가 김석희는 역자 후기 60편을 모아 『북마니아를 위한 에필로그 60』을 냈다. 1979년에 낸 첫 번역서인 뱅자맹 콩스탕의 『아돌프』 역자 후기에서 그가 말한다. "감히 용기를 내어 번역에 손을 대면서도 모자라는 프랑스어 실력과 어설픈 솜씨로 졸렬한 모습으로 만들지나 않을까 두렵다." 번역가들의 이렇게 삼가는 초심_{初心} 때문인지, 책 앞부분에 역자 서문을 싣는 경우는 드물다. 역자의 글은 대부분 본문 뒤에 후기로 실린다.

불문학자 김화영은 1974년부터 2014년까지 번역한 프랑스 문학·문화에 관한 책의 역자 후기를 모아 『김화영의 번역수첩』을 냈다. 분량이 많고 적고 간에 역자 후기 쓰는 걸 버거워하는 번역가들이 많다. 김화영이 그 이유를 말해 준다.

"한 권의 책을 번역하는 수고가 끝나면, 완주 지점에 어렵게 도착한 마라톤 선수에게 한 바퀴만 더 돌고 오라는 주문처럼 또 하나의 고단한 일이 눈앞에 놓인다. 바로 역자 후기라는 글쓰기 주문이다. 역자 후기는 지치고 지친 마라톤 주자가 마지막 남은 기운을 긁어모아 단내 나는 호흡으로 추가하여 질주한·한 바퀴의 기록이다."

우리 역사 최초의 번역시집 『두시언해』(1481)의 두 번째 판각본(1632) 서문, 그러니까 역자 서문이 아니라 번역서 서문은 계곡 장유(1587~1638)가 썼다. "배우는 이가 주해注解를 참고해도 잘 이해하지 못하면 번역을 보아야 할 터." 한글을 낮춰 보는 것 같으면서도 한글 번역이 가장 쉬운 이해의 길이라는 점을 인정한 것이다.

후기를 좀처럼 쓰지 않는 역자도 드물게나마 있다. 그런 한 분에게 왜 그러느냐 물어보니 이렇게 답한다. "나는 번역으로 모든 걸 다 말했다. 굳이 역자 후기를 더할 필요를 느끼지 못한다." 역자로서의 자신감도 느껴지고 일리 있는 말 같으면서도 왠지 아쉽다. 맥락이 좀 다르긴 하지만, 프로야구 선수가 경기 뒤 간단한 인터뷰를 거부하면서 이렇게 말한다면 어떨까? "나는 경기장에서 플레이로 모든 걸 다 말했다. 굳이 인터뷰할 필요를 느끼지 못한다."

좋은 역자 후기란 어떤 것일까? 번역가 노승영의 대답에 고개가 끄덕여진다. "독자의 자유로운 읽기와 해석에 과도하게 개입하지 않되, 책을 더 풍부하고 흥미롭게 읽을 수 있도록 실마리를 제시하는 역자 후기라면 사족 이상의 읽을거리라 할 수 있지 않을까?" 책(원서)과 독자 사이를 매개하는 번역가의 노고에는 마침표가 없다.

대사헌을 지낸 김간(1646~1732)이 제자에게 말했다. "예전 절에
서 책을 읽을 때였지. 3월부터 9월까지 일곱 달 동안 허리띠를 풀
지 않고, 갓도 벗지 않았네. 이부자리를 펴고 누워 잔 적도 없었
지. 책을 읽다가 밤이 깊어 졸음이 오면, 두 주먹을 포개 이마를
그 위에 받쳤다네. 잠이 깊이 들려 하면 이마가 기울어져 떨어졌
겠지. 그러면 잠을 깨어 일어나 다시 책을 읽었네."

경주부윤을 지낸 고응척(1531~1605)은 생원진사시에 급제
한 뒤 뒷산에 올라 나무를 베어 직접 오두막을 지었다. 가족의 만
류에도 아랑곳하지 않았다. 나무집 벽에 구멍 둘을 뚫고 유교 경
서 『대학』 읽기와 연구에 몰두했다. 한 구멍으로는 찾아오는 사
람을 응대하고 한 구멍으로는 음식을 조달받았다. 그는 『대학』의
내용을 교훈시로 만들었고 「대학개정장」大學改正章도 집필했다.

임진왜란 때 의병을 이끌다 순국한 조헌은 형편이 어려워 농
사일을 했다. 밭에 갈 때 그는 늘 책을 지니고 가 틈틈이 읽었다.
비가 오면 삿갓을 쓰고 읽었다. 나무하러 갈 때도 책을 품고 갔다.
방에 불을 땔 때면 재를 헤치고 그 불빛에 책을 읽다가 불빛이 스
러지면 다시 재를 헤쳐 읽기를 거듭하며, 아궁이 앞에서 여러 시
간 몰두했다.

판서를 지낸 양연(1485~1542)은 젊어서 공부를 게을리했지
만 고위직을 지낸 조부 덕분에 무시험으로, 즉 음서蔭敍로 하위직
관리가 되었다. 그는 뒤늦게 결심했다. '문장文章 능력을 제대로

갖출 때까지 왼손을 펴지 않으리라.' 왼손을 쥔 채 여러 해 독서에 몰두한 그는 마흔 살 때 과거에 급제했다. 비로소 왼손을 펴자 손톱이 손바닥을 파고들어 있었다. 훗날 영조 임금은 양연의 일화를 과거 시험 문제로 출제했다.

중국에도 열독熱讀 일화가 많다. 글 읽다 졸리면 송곳으로 다리를 찔렀다는 전국시대의 소진蘇秦, 졸릴까 봐 상투를 끈으로 묶고 그 끈을 대들보에 매달아 책을 읽었다는 한나라의 손경孫敬. 손경은 두문불출 책만 읽었다 해서 폐호閉戶 선생, 즉 '문을 걸어 닫은 사람'으로 불렸다. 수나라와 당나라 때 이밀李密은 여행 중에도 책을 읽기 위해 소뿔에 책을 걸고는, 소를 타고 가며 독서에 몰두했다.

어떤 행위에 깊이 몰입하여 시간의 흐름이나 공간, 자기 자신도 잊는 상태. 심리학자 미하이 칙센트미하이가 말하는 플로flow 경험이다. 그는 플로가 행복한 상태의 공통점이라고 본다. 독서에 몰입한 열독 상황이 바로 그 예다. 인지신경학자 매리언 울프는 오늘날 우리가 처한 읽기 환경을 이렇게 말한다.

"현재 우리는 너무 많은 정보에 둘러싸여 있습니다. 이제는 미국인 한 명이 하루 동안 읽는 단어 수가 웬만한 소설에 나오는 단어 수와 같을 정도입니다. 하지만 불행히도 이런 식의 읽기는 대개 연속적이거나 지속적이거나 집중적인 읽기는 되지 못합니다."

열독은 결국 연속적·지속적·집중적으로 읽는다는 뜻이다. 열독이 어려워진 시대다.

오래된 출판사

우리나라의 가톨릭출판사는 일본 나가사키에 있던 성서활판소를 서울 정동으로 이전해 온 1886년을 설립 시점으로 삼는다. 성서활판소는 1898년 명동성당 내로 자리를 옮기면서 가톨릭출판사라는 이름을 얻었다. 아펜젤러, 언더우드, 스크랜턴 등 선교사들이 주도하여 1890년 조선성교서회로 출발한 대한기독교서회도 127년 역사를 이어 왔다. 이들 두 출판사는 서양 근대 출판의 수용과 한글 인쇄출판의 역사 측면에서도 중요하다.

현존하는 가장 오래된 출판사는, 1534년 영국 국왕 헨리 8세가 "나아가 지식을 나의 영역에 널리 퍼뜨려라" 하는 명령과 함께 특허장을 내려 시작된 케임브리지대학교 출판부다. 오늘날 세계적인 학술 출판사인 E.J. 브릴은 1683년 네덜란드 레이던의 서적상 조합에 등록하면서 그 시작을 알렸으며, 처음부터 레이던대학교와 긴밀히 협력했다. 각각 영국 르네상스 시기와 네덜란드 전성기에 출발했다는 점에서 출판문화의 발달과 국가의 번영이 무관하지 않음을 보여 준다.

일본에서는 1886년 창업한 주오고론샤中央公論社가 1990년대 말 요미우리신문사 계열로 편입된 뒤에도 역사를 이어 가는 중이다. 일본의 대표적인 출판사들인 고단샤講談社와 이와나미쇼텐岩波書店은 각각 1909년과 1913년에 출발했다. 일본은 에도시대에 출판업이 크게 번성했다. 1658년 창업한 스하라야 모헤須原屋茂兵衛가 이 시대를 대표한다. 스하라야 모헤는 1904년까지 창업자 가문

9대에 걸쳐 246년간 이어졌다.

근대 중국 출판의 역사 그 자체라 할 상무인서관商務印書館은 1897년 상하이의 인쇄공 네 명이 상업 인쇄소로 시작했다. 청나라 진사進士 출신으로 외교 분야에서 일한 장위안지張元濟(1867~1959)가 1905년부터 상무인서관을 탈바꿈시켰다. 상무인서관과 쌍벽을 이루는 중화서국中華書局은 상무인서관 편집부장 루페이쿠이陸費達가 1912년 창립했다. 중국의 학술 전통은 이들 두 출판사를 양 날개 삼아 고도를 유지할 수 있었다.

우리나라로 돌아와 보면, 1945년 설립되어 지금도 활발하게 책을 내는 을유문화사와 현암사가 있다. 육당 최남선이 1907년 설립한 신문관新文館에 이어 1922년 설립한 동명사東明社는 해방 후 한국학 도서를 주로 출간했지만, 1950년대 이후로는 이공계 대학 교재를 주로 출간해 왔다. 현재 이곳은 육당의 손자 최국주가 운영하고 있다. 역사적 연원으로 보면 현재 출판 활동을 하는 출판사 가운데 가장 오래된 셈이다.

오래 살기만 하는 장수가 아니라 건강 장수가 중요하다. 출판사 건강 장수의 조건은 무엇일까? 전통의 무게에 눌리지 않고 그것을 디딤돌 삼아 변화를 추구하는 것. 익숙한 것에만 의지하지 않고 새로운 영역으로 발을 내딛는 것. 이렇게 변화하고 도전하면서도 전통에 실린 기본적인 가치를 지켜 나가는 것. 사실 가장 중요한 조건은 이 같은 조건들을 실행할 수 있는 출판인이 출판사를 승계해 나가야 한다는 것이다. 발행인이 바뀌고 나서 빠르게 동력을 잃어버리는 출판사가 드물지 않다. 결국 사람이 문제이고 관건이다.

옥중 독서

"음식은 걱정 없어요. 다만 책이나 좀 있으면 하는데." 1928년 겨울 중국 뤼순 감옥에 수감되어 있던 단재 신채호가 면회 온 이관용(1894~1933)에게 한 말이다. 단재는 H.G. 웰스의 『세계문화사』와 『에스페란토 문전文典』 차입을 부탁하면서, 최남선에게 요청했던 백호 윤휴의 『윤백호집』은 어떻게 되었는지 물었다. "하루라도 책을 읽지 않으면 입 안에 가시가 돋는다"는 뜻의 안중근 의사 유묵이 절로 떠오른다. 백범 김구가 『백범일지』에서 수감생활을 회고하며 말했다.

"아침에 도를 깨우치면 저녁에 죽어도 좋다 하는 격으로, 내 죽을 날이 당할 때까지 글이나 실컷 보리라 하고 손에서 책을 놓을 사이 없이 열심히 글을 읽었다. 감리서 직원들이 종종 와서 내가 신서적에 열심하는 것을 보고는 매우 좋아하는 빛을 보였다."

이승만은 1899년부터 1904년까지 5년 7개월간 옥살이를 하면서 선교사들이 차입해준 책을 바탕으로 이 땅에서 최초라 할 옥중 도서실을 열었다. 스스로 공부할 목적도 있었지만, 도서실 개방은 문맹과 무학자가 다수인 수감자들을 독서를 통해 깨우치려는 옥중 계몽운동이기도 했다.

김대중 전 대통령은 1980년 수감 중 아내인 이희호 선생에게 도서 차입을 부탁하거나 가족에게 권하는 책을 적은 서신을 자주 보냈다. 예컨대 열여덟 번째 서신에서 차입을 부탁한 책들 중 일부는 이렇다. 앙드레 모루아의 『미국사』, 철학자 카를 야스퍼스의『니체와 기독교』, 법사상가 한스 켈젠의『민주주의와 철학·종교·경제』, 중국 역사서『십팔사략』, 뒤마의『몬테크리스토 백작』. 역사, 철학, 문학, 사회과학 등에 걸친 폭넓은 지적 관심을 엿볼 수 있다.

김대중 전 대통령은 1993년 한국애서가클럽이라는 곳에서 애서가상을 받으며 수상 소감문을 통해 이렇게 말했다. "책 읽는 시간은 항상 행복한 시간이었다. 책 읽기에 특히 열중했던 6년 동안의 옥중 생활이 참으로 귀중한 기회였다. 지금도 현실의 분주함 때문에 책을 읽는 짬을 내지 못할 때면 차라리 다시 감옥에라도 갔으면 좋겠다는 생각을 한다."

독서는 수감 생활의 고통도 잠시나마 잊게 하는 효능을 지녔나 보다. 버트런드 러셀은 제1차 세계대전 중인 1918년 반전反戰 선동 혐의로 체포되어 수개월간 복역했다. 그는 수감 중 리턴 스트레이치의『빅토리아 시대의 명사名士들』을 읽다가 어찌나 재미있던지 감방이 떠나갈 듯 웃었다. 간수가 러셀에게 주의를 주었다. "이곳이 처벌을 받는 곳임을 잊지 마시오."

책을 읽지 않을 핑계는 넘쳐 난다. "진정 책을 읽고 싶다면 사막에서나 사람의 왕래가 잦은 거리에서도 읽을 수 있고, 나무꾼이나 목동이 되어서도 읽을 수 있다. 뜻이 없다면 조용한 시골이나 신선이 사는 섬이라 할지라도 책 읽기에 적당치 않을 것이다." 청나라 증국번曾國藩의 말과 옥중 독서인들의 진실한 뜻이 핑계를 무색하게 만든다.

요리

가장 오래된 요리책은 무엇일까? 미국 예일대가 소장한 고대 메소포타미아 점토 서판 가운데, 기원전 1700년경 요리법이 기록된 것이 있다. 고기와 채소를 함께 끓이는 요리가 주를 이루는데, 재료만 나열하고 구체적인 절차는 설명해 놓지 않았다. 본격적인 요리책으로 오래된 것은 4세기 말, 5세기 초 로마제국의『요리술』De re coquinaria이 손꼽힌다. 6세기 전반 중국에서 편찬된 농업 백과사전『제민요술』齊民要術에도 적지 않은 요리법이 나온다.

우리나라의 대표적인 전통 요리책은『음식디미방』(1670경)이다. 경북 영양의 재령 이씨 석계 가문의 며느리 장계향(1598~1680)이 한글로 쓴 책이다. 여기에는 146개 조리법이 나오는데 국만 하더라도 족탕, 말린 고기탕, 쑥탕, 천어순어탕, 붕어순갱, 와각탕, 전복탕, 자라갱 등 다양하다. 장계향이 후기에서 당부한다. "이 책을 이렇게 눈이 어두운데 간신히 썼으니 이 뜻을 알아 이대로 시행하여라. 딸자식들은 각각 베껴 가되 이 책 가져갈 생각일랑 절대로 하지 마라. 부디 상하지 않게 간수하여 빨리 떨어져 버리게 하지 마라."

오래되기로는 15세기 중반 전순의가 쓴 농서이자 요리책『산가요록』山家要錄이 있다. 밥, 죽, 떡, 탕, 국수, 만두, 두부, 과자 등의 구체적인 요리법과 술 빚기, 장 담그기, 식재료 저장법 등을 두루 설명한다. 김치만 해도 배추김치, 송이김치, 생강김치, 토란김치, 나박김치 등 서른여덟 가지다. 16세기 중반 김유가 편찬한

『수운잡방』需雲雜方도 귀중한 요리책이다. 쇠고기로 만드는 국수, 꿩고기 물김치, 솔잎으로 빚는 술, 우유와 쌀을 끓여 만드는 타락죽 등 200여 가지 요리법이 나온다.

최초의 근대적 요리책은 1917년 신문관에서 펴낸 방신영(1890~1977)의 『조선요리제법』朝鮮料理製法이다. 이 책은 1937년에 8판이 간행된 스테디셀러였다. '모든 가정이 반드시 갖추어야 한다'는 뜻의 만가필비萬家必備라는 문구가 제목 옆에 나온다. 방신영은 1929년부터 이화여자전문학교(현 이화여자대학교) 교수로 재직했다.

지난 한 세기 동안 음식에 관한 책은 실용적인 요리책뿐만 아니라 음식 인문학·사회과학이나 과학, 음식 산업, 음식 여행 관련 책 등으로 매우 다양해졌다. 조금만 찾아봐도 큰 책꽂이 하나를 채우고도 남을 만큼 음식에 관한 좋은 책, 맛있는 책이 많다. 하지만 지금은 '먹방'이니 '쿡방'이니 하는 먹는 방송, 요리하는 방송에 밀린다. 요리법이 궁금하면 유튜브를 찾아보는 것이 일반적이다.

국어학자 한성우 교수가 『우리 음식의 언어』에서 말한다. "우리는 삶의 원초적인 목적을 '먹고살려고'라는 말로 표현한다. 더 정확히 표현하자면 '잘 먹고 잘 살려고'다. 이는 '생존'인 동시에 '생활'의 표현이다. 우리 삶의 원초적인 목적이 이와 같으니 잘 먹고 잘 마시는 것만큼 중요한 것도 없다. 그러니 '먹고 마시는 것'의 맛을 즐기는 만큼 '말'의 맛을 즐기며 살면 된다. '우리 음식의 말'을 앞으로도 늘 곱씹어야 하는 이유가 여기에 있다."

우체국

소설가 박경리는 1945년 진주여고를 졸업하고 통영우체국에서 잠시 일하다 결혼했다. 이듬해엔 시인 유치환과 시조시인 이영도가 통영여중 동료 교사로 처음 만났다. 유치환은 이영도에게 편지 5000여 통을 20년간 보냈는데, 처음 6년여 동안 통영우체국을 이용했다. 그 편지 일부가 『사랑하였으므로 행복하였네라』로 출간되었다. "오늘도 나는 / 에메랄드 빛 하늘이 환히 내다뵈는 / 우체국 창문 앞에 와서 너에게 편지를 쓴다." (유치환, 「행복」)

미국 작가 윌리엄 포크너는 제1차 세계대전이 끝난 뒤 전역 군인 특례입학으로 미시시피대학교에 진학했지만 학업엔 뜻이 없었다. 두 학기를 다니고 자퇴한 포크너는 생계를 위해 1921년 말부터 3년간 바로 그 대학의 구내 우체국장으로 일했다. 대학 구내 우체국이지만 지역 주민들이 이용하는 곳이어서 늘 바빴다. 포크너는 "2센트짜리 우표 달라는 소리가 듣기 싫어" 우체국 일을 그만두었다.

작가 찰스 부코스키는 여러 직업을 전전하다가 우연히 취직한 우체국에서 보조 집배원으로 시작하여 12년간 일했다. 잦은 지각과 결근으로 해고 직전까지 간 끝에 전업 작가의 길로 나선 그가 내놓은 첫 장편은 『우체국』(1971)이었다. "3년 후, 나는 정규 집배원이 되었다. 이 말인즉, 휴일에도 급여를 받을 수 있고, 일주일에 40시간 일하고 이틀 쉴 수 있다는 뜻이었다. 그렇다고 아주 행복한 건 아니었다."

프랑스의 철학자이자 비평가 가스통 바슐라르는 가정 형편이 어려워 대학 진학을 못하고 전신기사 자격증을 취득한 뒤 우체국에서 일했다. 그는 당시를 "과중한 우편 업무에 시달리면서 재정적 걱정도 늘 덫처럼 드리워진 시절"로 회고했다. 바슐라르는 주경야독하여 스물여덟 살 때 수학·물리학 학사학위를 받은 뒤 중학교 교사가 되었고, 마흔세 살 때 소르본대학교에서 철학 박사 학위를 받아 대학교수가 되었다.

집배원, 우체국, 우체통 등은 적지 않은 시와 노래, 영화에서 낭만적으로 묘사된다. 시인 파블로 네루다와 집배원의 우정이 펼쳐지는 영화 『일 포스티노』, 김현성 작사·작곡의 노래 「가을 우체국 앞에서」, 안도현 시인의 시 「바닷가 우체국」 등을 예로 들 수 있다. 하지만 집배를 비롯한 실제 우편 업무는 그곳에서 일한 적 있는 작가들이 말하듯 과중하기만 하다. 우리나라에서는 오늘도 집배원 약 2만 명이 1인당 평균 870건을 배달한다.

"옛사랑 여기서 얼마나 먼지 / 술에 취하면 나는 문득 우체국 불빛이 그리워지고 / 선량한 등불에 기대어 엽서 한 장 쓰고 싶다". 시인 류근이 「그리운 우체국」에서 이렇게 그리워한 우체국은 이제 그 수가 줄고 있다. 바야흐로 이메일과 택배 시대인 것이다. 1999년 4만 895개이던 우체통 수도 꾸준히 줄어들어 2019년 1만 1800여 개로 20년 사이 70퍼센트가 사라졌다. 우체통은 공중전화 부스와 함께 거리에서 가장 찾기 힘든 것이 되어 버렸다.

육필

일본 작가 오자키 고요尾崎紅葉(1868~1903)는 글 쓸 때마다 고민했다. 자꾸만 문장의 세로 행렬이 어긋나고 글자 모양도 서로 다르게 되어 버렸기 때문이다. 그는 1659년부터 종이를 팔아 온 가게 겐시로의 주인과 상의했다. 주인은 오자키의 조언을 바탕으로 종이에 격자 틀을 넣어 한 칸에 한 글자씩 적어 넣는 용지를 만들었다. 원고지가 탄생한 것이다.

이제 원고지의 자리는 A4 용지가 차지했고 육필肉筆은 전설의 반열에 올랐다. 전남 보성군 벌교의 태백산맥문학관에 전시돼 있는 조정래 소설 『태백산맥』 육필 원고 1만 6500장이 한 예다. 그런데 빈 원고지를 앞에 둔 막막함과 '무섬증'은 작가에게도 예외는 아니었나 보다. "순백의 용지 / 붉은 칸막이 / 고작 이것인데 / 내 무섬증은 부풀어 / 둑을 넘는다"(김남조, 「원고지」)

빠르게 입력하고 손쉽게 지우며 간편하게 편집할 수 있는 컴퓨터 문서 작성에 비해 원고지는 느리고 불편하다. 연필이면 지우개로, 볼펜이나 만년필이면 수정액이나 수정테이프로 지워야 하며 그도 아니면 죽죽 줄을 그어야 한다. 그래서 원고지에는 생각의 흔적이 남는다. 생각의 길이 어디로 향하다가 어디에서 깊은 고민이 일었는지 원고지를 보면 짐작할 수 있으니, 중요한 작가의 육필 원고는 작가 연구를 위한 요긴한 자료다.

작가 김훈이 말한다. '나는 컴퓨터를 쓰지 않는다. 연필로 글을 쓴다. 어깨에서 손끝까지 힘을 주고 꾹꾹 눌러쓴다. 내 몸으로 글을 밀고 나간다는 육체감이 좋다.' 오늘날 손으로 베껴 쓸 수 있는 필사 책들이 꾸준히 인기를 모으는 편이라 한다. 모니터에서 명멸하는 커서와 디지털 텍스트에 둘러싸인 '노동'과 대비되는 몸으로 감각하여 느끼는 주관적 특질, 즉 육체감을 누리는 '아날로그 휴식'에 대한 추구다.

사람은 보통 1분에 125개 단어를 말할 수 있고 뇌는 1분에 800여 개 단어를 처리한다고 한다. 필기 속도는 말하는 속도보다 대체로 느리다. 하지만 컴퓨터 자판 입력 속도는 말하는 속도보다 빠를 수 있다. 생각의 속도, 말의 속도와 실시간으로 일치하거나 심지어 더 빠를 수도 있다. 두뇌가 아니라 자판 두드리는 손가락이 생각을 하는 지경이라는 과장 섞인 너스레가 너스레만은 아닌 것 같다.

작가 최인호는 암 투병 중에 "빠진 오른손 가운데 손톱의 통증을 참기 위해 고무 골무를 손가락에 끼고, 빠진 발톱에는 테이프를 친친 감고, 구역질이 날 때마다 얼음 조각을 씹으면서 미친 듯이 20매에서 30매 분량의 원고를 하루도 빠지지 않고 집필했다".

서울 연세로 홍익문고 앞 보도에 핸드프린팅과 함께 동판에 새겨진 최인호의 말은 "원고지 위에서 죽고 싶다"이다. 알파고가 이세돌 9단을 이겼으니 '바둑기사 인공지능'에 이어 '작가 인공지능'이 나올지도 모르겠지만, 몸의 감각에 대한 이 처절한 사랑을 대신할 인공지능은 없다.

『인간시장』

'낙양의 지가를 올렸다'洛陽紙價高는 고사故事 표현이 있다. 진晉나라의 좌사左思가 「삼도부」三都賦를 지었을 때 낙양 사람들이 다투어 이것을 베낀 까닭에 종잇값이 오를 정도였다는 이야기다. 어떤 책이 베스트셀러가 되어 그야말로 불티나게 팔려 나가거나 할 때 쓰이는 말이다. 1980년대 초중반 낙양의 종잇값, 아니 우리나라의 종잇값을 올렸을 법한 책이 있다. 바로 김홍신의 『인간시장』이다.

이 소설은 1980년 『주간한국』에 '스물두 살의 자서전'이라는 제목으로 연재되다가 이듬해 9월 제목을 '인간시장'으로 바꾸어 단행본으로 출간되기 시작했다. 첫 권은 나오기 무섭게 10만 부가 팔렸고, 이후 6개월마다 한 권 꼴로 출간되어 1983년 가을에 100만 부를 넘어서며 우리나라 출판 역사상 처음으로 밀리언셀러가 되었다. 1부 열 권, 2부 열 권으로 총 스무 권이 나왔으며 누적 판매량 560만 부를 기록했다.

출판사는 제1권이 10만 부 팔리자 작가에게 포니2 자동차를 보너스로 주었고, 100만 부를 돌파하자 스텔라 자동차를 주었다. 제5권부터는 초판 10만 부씩을 대한교과서 인쇄기에서 찍어 내야 수요에 맞출 수 있었다. '훈민정음 창제 이래 최고의 판매 부수'라는 광고 문구를 과장으로 보기 어렵다. 많은 중고생들이 수업 시간에 선생님 몰래 책상 밑에 『인간시장』을 숨겨서 페이지를 넘겼다. 들키면 책을 압수당하고 벌을 섰지만 선생님도 『인간시장』독자이기는 마찬가지였다.

소설이 누린 큰 인기를 바탕으로『인간시장: 작은 악마 스물두 살의 자서전』(1983),『인간시장 2: 불타는 욕망』(1985) 등 영화가 제작되었고 1988년 MBC에서 드라마가 방영되었으며, 2004년에는 SBS에서 드라마『2004 인간시장』이 방영되었다.

주인공 장총찬은 권법과 표창 던지기 등 무예의 달인으로 의협심이 강하다. 그는 '인간시장'으로 일컬어지는 인신매매의 본거지와 집창촌을 중심으로 사회의 모순과 악에 맨몸으로 좌충우돌 맞선다. 정의의 협객이 악을 물리치는 무협지의 느낌, 외로운 총잡이가 악당들을 일망타진하는 서부영화의 느낌이 독자에게 대리만족을 준다.

또한 순수한 영혼을 지닌 애인 오다혜와 장총찬의 선을 넘을 듯 말 듯한 사랑 이야기는 멜로영화처럼, 때가 되었다 싶으면(?) 어김없이 나오는 야한 장면들은 에로영화처럼 다가왔다. 이런 다양한 흥행 요소들이 버무려져 있으니 많은 독자들이 책장 넘기기 바쁘고 숨 막힐 정도로 재미있다고 느꼈던 것이다. 다만 이 책의 문학적 성취에 대한 평가는 박한 편이다.

이제 인간은 시장에서 상품을 소비하거나 파는 인간, 소비되고 팔리는 인간이 되었다. 수단을 가리지 않고 다른 목적을 따지지 않으며 오로지 이익을 최대화하고 손실을 최소화하려는 '시장인간'이 바람직한 인간상이 되었다. 밀리언셀러『인간시장』은 그 제목만으로도 소비자본주의와 시장만능주의 시대, 시장인간 시대의 개막을 알렸다.

인생 책

점필재 김종직의 제자이자 조광조의 스승 김굉필(1454~1504)
은 스스로 '소학동자'小學童子라 칭하면서 평생 『소학』을 읽고 체득
하는 데 힘썼다. 김굉필의 친구 남효온이 말했다. "김굉필은 매일
『소학』을 읽어 밤 깊은 뒤라야 잠자리에 들었고 닭이 울면 일어
났다. '공부해도 천리天理를 알지 못했는데, 『소학』을 읽고 나서야
지난 잘못 깨달았네'라고 시를 짓자, 점필재 선생이 '이는 곧 성인
이 될 수 있는 바탕이다'라고 평했다."

도산 안창호의 인생 책은 중국 근대 계몽사상가 량치차오梁啓
超의 『음빙실문집』飮氷室文集이었다. 20세기 초 한용운, 신채호, 박
은식, 장지연 등 조선의 많은 지식인들이 이 책에서 큰 영향을 받
았다. 도산은 평양 대성학교에서 학생들에게 이 책을 교재 삼아
가르쳤고, 나라를 위해 할 수 있는 일을 묻는 사람에게 이렇게 말
했다. "크게 용빼는 일만이 나라 일이 아니오. 양계초의 『음빙실
문집』이란 책을 몇 권 사서 삼남에 있는 유명한 학자들에게 주어
서 읽게 하시오."

전후 독일의 초대 총리로 '라인강의 기적'을 이끈 것으로 평
가받는 콘라트 아데나워는 나치에게 탄압을 받아 전쟁이 끝날 때
까지 은거했다. 이 시기 독서로 소일한 그는 영국 작가 조지프 콘
래드의 단편 「태풍」에서 깊은 인상을 받았다. 전혀 영웅답지 않
은 한 과묵한 선장이 태풍이 몰아치는 바다에서 보여 주는 도덕
적 용기에 관한 이야기였다. 아데나워는 나중에 그 시기를 "나의

인격이 한 단계 성장할 수 있었던 유익한 때"라고 말했다.

오스트리아의 공학도 루드비히 비트겐슈타인은 영국으로 유학을 떠나 기계공학을 연구하던 1911년에, 러셀과 화이트헤드가 쓴 『수학의 원리』(1910~1913)를 접했다. 이를 통해 그는 수학의 철학적 문제에 관심을 갖게 됐고 케임브리지대학교로 러셀을 찾아가 본격적으로 철학 공부를 시작했다. 공학도 비트겐슈타인이 철학도가 되면서 바야흐로 20세기 언어분석철학의 큰 흐름이 생성되고 있었다.

인생 책 한 권을 꼽아 보라는 요청에 선뜻 답할 수 있는 사람은 좀처럼 없을 것이다. 함석헌의 시 「그 사람을 가졌는가」에서 사람을 책으로 바꾸어 스스로 물어보자. "마음이 외로울 때에도 저 책이야 하고 믿어지는 그 책을 그대는 가졌는가? 온 세상의 찬성보다도, '아니' 하고 가만히 머리 흔들 그 한 책 생각에 알뜰한 유혹을 물리치게 되는, 그 책을 그대는 가졌는가?"

이 질문에 대해 "갖지 못했다"라고 답할 수밖에 없더라도 실망하거나 자괴할 필요는 없다. 잘 생각해 보면 '내 인생의 책 한 권'을 주저 없이 말할 수 있는 사람은 극히 드물기도 하거니와, 자칫 어떤 책 한 권을 교조적으로 맹신하며 따르기라도 한다면 차라리 '내 인생의 책 한 권'이 없는 것만 못하다. 나는 저런 질문을 받을 때면 이렇게 대답하곤 한다. "지금까지 읽은 모든 책이 내 인생의 책입니다."

인세

저작이나 창작의 '작'作에는 없던 것을 새로 만들어 낸다는 뜻이 있다. 전통 사회에서는 신神이나 성인聖人만이 그렇게 할 수 있다고 여겨졌다. 보통 사람들은 그런 존재가 남긴 말씀과 기록을 해설하려 애쓸 뿐이었다. "옛것을 풀어내되 스스로 지어내지 않는다"는 공자의 술이부작述而不作도 이런 맥락에서 이해할 수 있다. 전통 시대의 학문이란 신과 성인이 창작한 것에 주석을 다는 일이었다.

개인의 소유권 관념과 권리 의식이 확고해진 근대 이후 '저작에 대한 권리'라는 개념 및 제도가 자리 잡았다. 1882년 지석영이 상소를 올려 저작권 제도 시행을 건의했고 1884년 『한성순보』에 서양의 관련 제도가 소개됐지만, 우리 땅에서 문학 창작물에 대한 경제적 급부가 제도화된 것은 오래전 일이 아니다. 이효석이 1939년에 발표한 글 「첫 고료稿料」에서 말한다.

"잡지 문학의 고료의 개념이 확고하게 생긴 것은 4~5년 전부터라고 기억한다. (……) 한 좌석의 술이나 만찬으로 작가의 노고를 때워 버리는 원시적인 방법이 청산되고 원고의 매수를 따져 화폐로 교환하게 된 것이니, 여기에 근대적인 의의가 있고 발전이 있다."

저작권을 가진 저자가 책 판매량에 따라 받는 저작물의 이용 대가, 즉 인세印稅는 우리나라에서 보통 책 정가의 10퍼센트다. 이문열, 조정래, 김진명 등이 누적 인세 수입 최상위권 작가들이다.

세계적으로는 영화 및 관련 상품 판권까지 합쳐 1조 원 이상을 번 '해리 포터' 시리즈의 작가 J.K. 롤링이 손꼽힌다.

좋은 뜻으로 기부하는 '착한 인세'도 있다. 베스트셀러 저자이기도 했던 법정 스님의 인세는 장학금을 비롯하여 형편이 어려운 이들을 돕는 데 쓰였다. 『피터 팬』의 저자 제임스 매슈 배리(1860~1937)는 저작권과 인세를 런던의 그레이트 오먼드 스트리트 아동병원에 기부했다. 그런데 이러한 거액 인세나 기부 뒤편에는 다른 현실이 있다.

2018년 우리나라 도서 평균 발행 부수는 1603부, 권당 평균 정가는 1만 6347원이었다. 발행 도서 대부분이 초판으로 끝나며 판매 부수는 발행 부수보다 적다고 볼 때, 초판이 모두 팔린다 해도 인세 수입은 300만 원을 넘기 어렵다.

'2018년 예술인 실태 조사' 결과에 따르면 문학인들의 예술 활동 수입은 1년에 평균 549.9만 원이었다. 문학인을 포함한 예술인 전체의 평균 예술 활동 수입은 1281만 원이었다. 소득이 없었다고 답한 문학인이 30.9퍼센트, 500만 원 미만이라 답한 문학인이 45.1퍼센트였다. 수입원은 원고료가 44퍼센트, '없음'이 30.5퍼센트, 저작권 관련 수입이 8.2퍼센트, 보조금 및 지원금이 8.1퍼센트였다.

서정주는 시 「찬술」에서 "한 수에 오만 원짜리 회갑 시 써 달라던 그 부잣집 마누라 새삼스레 그리워라"라며, 궁핍한 작가의 가난한 마음을 노래했다. 오늘날에도 많은 작가들에게 불리는 노래가 아닐지.

일과

오전 8시에 눈을 떠 가볍게 목욕을 한 뒤 아침을 먹는다. 넥타이까지 단정하게 맨 정장 차림으로 정각 9시에 서재로 들어가 점심때까지 세 시간 동안 집필에 몰두한다. 스무 살 때부터 세상을 떠날 때까지 60년 동안 이러한 일과를 반복했다. 자신의 집필 작업을 '외로운 정신적 유희'라 일컬은 독일 작가 토마스 만의 얘기다. 역시 작가인 그의 형 하인리히 만이 동생을 가리켜 말했다. "몰두하는 시간이 없으면 천재가 될 수 없지."

오전 7시에 일어나 8시에 아침을 먹고 9시부터 오후 2시까지, 아주 잠깐의 점심 식사 시간 외에는 꼼짝 않고 서재에서 글을 쓴다. 적어도 하루 2000단어 이상, 많으면 4000단어까지 썼지만 좀처럼 글 진도가 나가지 않는 날도 있었다. 심지어 한 글자도 못 쓰는 날마저 있었지만, 그런 날에도 위와 같은 일과만큼은 정확하게 지켰다. 영국 작가 찰스 디킨스의 얘기다.

새벽 4시에 일어나 여섯 시간 가까이 글을 쓴다. 오후엔 10킬로미터를 뛰고 1500미터를 수영한 뒤 책을 읽고 음악을 듣다가 밤 9시쯤 잠자리에 든다. 이런 일과를 매일 반복하는 작가 무라카미 하루키가 말한다. "반복은 매우 중요하다. 하지만 이런 반복적인 생활을 지속하려면 많은 정신력과 체력이 필요하다. 긴 소설을 쓰는 것은 생존 훈련을 하는 것과 같다. 강인한 체력은 예술적인 감수성만큼이나 중요하다."

새벽 5시 30분에 일어나 오전 8시까지 집필에 전념한 뒤 간단히 아침을 먹고 10시까지 다시 글을 쓴다. 산책과 수영을 한 다음 11시 45분에 귀가해 점심을 먹고 오후 내내 학교에서 강의한다. 저녁이 되면 식사를 하고 책을 읽으며 생각을 정리한 뒤 10시에 잠자리에 든다. 그러는 틈틈이 수시로 푸시업과 윗몸 일으키기를 한다. 새벽부터 오전까지 집필하고 운동을 거르지 않는다는 점에서 하루키와 비슷했던 미국 작가 커트 보니것의 얘기다.

오전 9시쯤 일어나 아침을 먹고 11시경까지 빈둥거리다가 동네 카페에 가서 네다섯 시간 글을 쓴다. 오후 늦게 귀가하여 이른 저녁을 먹고 프로야구 중계방송을 시청한 뒤 한두 시간 글을 쓴다. 글 쓰면서 밤참을 먹는다. 새벽 2~3시에 잠자리에 든다. 아무에게도 권하고 싶지 않고 권해서도 아니 될 작가 표정훈의 일과인데, 그나마 이 일과를 잘 지키지도 못한다. 뭐 이런 작가도 있다. 하루키와 대척점에 있다고 할까.

일과日課는 날마다 규칙적으로 하는 일정한 일을 뜻한다. 뛰어난 작가들 대부분은 집필 작업을 중심으로 짜인 일과를 거르지 않고 오랜 세월 반복했다. "기분에 좌우되지 말고 계획에 따라 작업하라. 정해진 시간이 되면 그만 써라. 언제나 제일 먼저 할 일은 글을 쓰는 일이다. 그림 그리고 음악을 듣고 친구 만나고 영화를 보는 등 다른 모든 일들은 그다음에 하라." 『북회귀선』, 『남회귀선』으로 유명한 미국 작가 헨리 밀러의 조언이다. 작가가 아닌 사람들도 귀담아들을 만하다.

일기

일기는 날짜를 따라가며 쓴 개인의 사생활 기록이지만 공간公刊되어 많은 사람들이 읽는 작품이 되기도 한다. 세계적인 스테디셀러 『안네의 일기』가 대표적이다. 문학적 가치가 높은 일기는 일기문학으로 분류하며, 개인의 기록 차원을 넘어 중요한 사료적 가치를 지니게 된 일기도 적지 않다. 이순신의 『난중일기』, 16세기 조선 양반 관료의 삶을 생생하게 기록한 유희춘의 『미암일기』眉巖日記, 좌옹 윤치호가 1883년부터 60년간 한문·한글·영어로 쓴 일기 등을 예로 들 수 있다.

정승, 판서 벼슬을 두루 지낸 정원용(1783~1873)은 1873년 아흔한 살로 세상을 떠날 때까지 71년간 일기를 썼다. 모르긴 해도 최장기간의 일기 반열에 들지 않을까 싶다. 증손자 위당 정인보가 연희전문학교에 기증한 이 『경산일록』經山日綠은 국역되어 500쪽짜리 단행본 여섯 권으로 나왔다. 정원용은 헌종이 세상을 떠난 뒤 강화도에서 이원범(철종)을 모셔 와 즉위식을 치르는 책임을 맡았다. 이에 관한 『경산일록』의 기록이 실록보다 훨씬 더 상세하다.

영국 작가 존 파울즈는 1949년부터 42년간 일기를 썼다. 그중 1965년까지 쓴 일기의 주요 부분을 엮어 펴낸 책이 『나의 마지막 장편소설』이다. 파울즈가 일기를 대하는 자세는 이러했다. "엘리자베스는 일기에 자기에 관한 애기는 쓰지 말라고 당부했다. 내가 그녀를 사랑하기는 하지만 그녀 애기를 안 쓸 수가 없다. 다른 것은 배신할 수 있을지 몰라도, 이 일기만은 배신할 수 없다."

『존 치버의 일기』는 작가가 1982년 세상을 떠나기 며칠 전까지 35년간 쓴 일기의 20분의 1 정도를 담았다. 그는 자신의 내밀한 일기를 아들에게만은 보여 주었다. 아들 벤저민은 아버지의 일기에서 '끔찍하고 추잡하고 도저히 믿기 힘든 이야기들'을 접하고 말았다. 삶의 이면을 아들에게 보여 준 존 치버는 눈물을 흘렸다.

철학자의 일기로는 비트겐슈타인이 오스트리아 육군 소속으로 제1차 세계대전 참전 중 기록한 일기를 묶은 『전쟁일기』가 인상 깊다. 1916년 5월 6일 자 일기에는 이렇게 적혀 있다. "신의 은총으로 밤은 무사히 지나갔다. 때때로 공포가 엄습해 온다. 이곳은 잘못된 인생관을 가르치는 학교다. 사람들을 이해하라. 그들을 증오하고 싶을 때마다, 대신 그들을 이해하고자 노력하라. 내적 평화에 의지해 살아라!"

일기는 자기 자신과 대화하며 일상을 돌아보고 성찰할 수 있는 기회를 준다. 공개될 것을 염두에 두고 쓰는 글이 아니기에, 자기 기만을 하지 않는다면 가장 솔직하게 자기 생각을 표현할 수 있는 글이 바로 일기다. 이 점에서 돌이켜 보면 초등학교 시절 일기를 방학 숙제로 내 주고 선생님이 그걸 검사한 것은 이상한 일이다. 소크라테스의 말대로 '음미되지 않는 삶은 살 가치가 없다'면 일기는 가장 좋은 음미의 방법이다. 가치 있는 새해 결심으로 일기 쓰기만 한 것도 드물다.

자서전

"뉴욕제과점은 우리 삼 남매가 아이에서 어른으로 자라는 동안 필요한 돈과 어머니 수술비와 병원비와 약값만을 만들어 내고는 그 생명을 마감할 처지에 이르렀다. 어머니는 며칠에 한 번씩 팔지 못해서 상한 빵들을 검은색 봉투에 넣어 쓰레기와 함께 내다 버리고는 했다. 예전에는 막내아들에게도 빵을 주지 않던 분이었는데."

김연수의 자전적 단편 「뉴욕제과점」의 일부다. 작가 김연수는 실제로 '김천 역전 뉴욕제과점 막내아들'이었다. 김원일의 자전적 장편 『마당 깊은 집』(1997)에서 어머니는 삯바느질로 가족의 생계를 잇는다. 김원일은 이 작품을 "나의 어머니의 바느질 이야기"라 말하면서 어머니의 말씀을 추억했다. "일아! 내 눈 어두버져 바느질도 몬 하게 되믄, 그때는 집안 장자인 니가 우리 식구 먹여 살리야 된데이."

우리 역사에서 문학적 자서전이자 회고록의 백미로 손꼽히는 작품은 정조의 생모이며 사도세자의 빈, 혜경궁 홍씨가 쓴 『한중록』閑中錄이다. 『한중록』은 정사正史를 보조하는 사료적 가치도 지니지만 소설로 볼 수도 있을 만큼 생동감과 박진감이 넘친다. 역사학과 국문학이 공유하는 대표적인 텍스트인 셈이다. 특히 이 책은 1762년 7월 사도세자가 부왕인 영조에 의해 뒤주에 갇혀 세상을 떠난 임오화변壬午禍變을 자세히 전하는 것으로 유명하다.

스페인의 작가이자 철학자 미겔 데 우나무노는 '모든 소설은 자서전'이라고 말했다. 이 말을 바탕으로 '모든 소설은 자서전적이며 모든 자서전은 소설적 허구'라는 말도 생겼다. 이청준 소설 「자서전들 쓰십시다」에서 자서전 대필로 먹고사는 주인공이 이렇게 말한다. "늘 과거를 미화하고 과장하려는 사람의 습성 때문에 기술記述의 공정성을 잃기 쉽다는 게 자서전 집필의 일반적인 해로움입니다."

그 해로움을 극복한 것으로 평가받는 장자크 루소의 『고백록』(1782)은 자서전을 문학 장르로 확립하는 데 큰 역할을 했다. 루소는 과장이나 미화를 하지 않는다는 자신감을 표명했다. "나는 결코 전례가 없었고 앞으로도 모방할 사람이 없을 일을 구상하고 있다. 나와 같은 인간들에게 한 인간을 완전히 자연 그대로의 모습으로 보여 주려 하는데, 그 한 인간은 바로 나다."

자서전 쓰기 강좌와 교육 프로그램, 자서전 쓰기 대회와 공모전 등이 제법 성황이다. "내 인생을 책으로 쓰면 대하소설이 될 것"이라는 사람들도 많지만, 막상 써 보면 원고지 100매를 넘기기 힘들 것이다. 대하소설 분량이든 단편 분량이든 숨김없이 솔직하게, 거짓이나 꾸밈없이 정직하게 쓸 일이다. 저명인사의 솔직한 자서전이 많은 사회는 투명한 사회일 가능성이 높다. 아울러 인물에 대한 인신공격이 아니라 정당한 비판과 공정한 평가가 이뤄지는 사회일수록 좋은 자서전이 많이 나올 수 있다.

『자유부인』

"나 같은 늙은이도 춤을 배울 수 있을까?"

"왜 늙은이, 늙은이 하십니까. 아주머니는 젊고 아름답고 양
장이라도 하시면 아주 스타일이 베리 굿일 겁니다."

(……)

"글쎄……."

"언제든지 기다리겠습니다. 오늘은 참 감격의 밤이었습니
다. 굿나잇! 마담."

영화 『자유부인』(1956)에서 대학교수의 아내 오선영이 남
편의 제자 신춘호와 헤어지며 나누는 대화다. '아주머니'에서 '마
담'으로의 급격한 호칭 변화가 인상적이다. 아주머니가 가부장
제 아래 놓인 '집 안의 노라'(입센의 희곡 『인형의 집』 주인공)를
가리킨다면, 마담은 미국 문화가 물결치는 바깥세상을 향해 발을
내딛는 '집 밖의 노라'가 아니었을지.

정비석의 『자유부인』은 1954년 1월 1일부터 8월 6일까지
215회에 걸쳐 『서울신문』에 연재됐다. 대학교수 장태연과 그 아
내 오선영이 벌이는 엇갈린 로맨스가 작품의 골격을 이뤘다. 주
부 오선영은 춤바람이 나더니 불륜 직전에까지 이르고, 근엄한
학자 장태연은 미군 부대 타이피스트 박은미와 야릇한 관계에 빠
져든다. 독자들은 '오선영의 춤바람이 과연 불륜으로 치닫고 말
것인지' 꽤나 궁금했을 것이고, '내가 장태연 교수라면 바람난 아

내에 대해 어떤 결정을 내릴 것인지' 심각하게 고민했을 듯하다.

『자유부인』의 인기는 대단해서 연재 기간 동안 『서울신문』은 가두에서만 5만 부가 더 팔렸고, 정음사가 출판한 책은 초판 3000부가 출간 당일 매진되었으며 모두 14만 부 이상이 팔렸다. 판매 부수 집계가 정확하지 않은 시대였지만 이 책은 광복 이후 처음으로 10만 부 이상이 팔린 책, 광복 이후 사실상 최초의 베스트셀러라는 평가를 받는다.

『자유부인』이 화제가 된 데에는 소설을 둘러싼 논쟁과 논란도 큰 역할을 했다. 연재 시작 3개월 뒤 서울대 법과대학 교수 황산덕은 교수를 모독하고 성욕을 부추기는 작품으로 이 소설을 지목했고, 정비석은 문학에 대한 무지를 지적하며 창작의 자유를 내세워 반론을 펼쳤다. 1954년 3월 14일 자 『서울신문』에 실린 황산덕 교수의 두 번째 공개비난문은 격렬했다. 정비석이 '작품을 읽지 않고 무슨 비난인가' 하는 요지의 반박을 한 것에 대해 황산덕은 "귀하야말로 문학을 전연 이해하지도 못하고 야비한 인기욕에만 사로잡혀 저속유치한 에로 작문을 희롱하는 문화의 적이요, 문화의 파괴자요, 중공군 50만 명에 해당하는 적이 아닐 수 없다"라며 맹비난했다.

광복 이후 및 전후戰後 최초의 베스트셀러 『자유부인』은 대중적인 명사名士, 요즘 말로 '셀러브리티'로서의 작가를 탄생시켰다. 문학을 현실의 반영이라고도 하지만, 책과 문학이 현실 세계에 큰 파장을 불러일으키는 일도 드물게나마 있다. 『자유부인』이 바로 그러했다. 이런 의미에서 『자유부인』은 우리나라 최초로 사회현상이 된 베스트셀러였다.

작업실

'해리 포터' 시리즈의 작가 J.K. 롤링은 무명 시절 에든버러의 카페 니콜슨과 엘리펀트 하우스에서 작품을 썼다. 포르투갈의 포르투에 있는 카페 마제스틱도 롤링의 집필 장소로 유명하다.

"카페 드 플로르로 가는 길은 자유에 이르는 길이었다. 그곳은 우리 집이었다." 파리의 카페 드 플로르의 개근 고객이었던 철학자이자 소설가 장폴 사르트르의 말이다. 그는 계약결혼 관계였던 시몬 드 보부아르와 함께 2층 구석 자리를 종일 차지하고 글을 쓰거나 사람들과 만나 토론했다.

유럽에 카페가 있었다면 우리나라에는 다방이 있었다. 부산 피난 시절 문화예술인들의 사랑방이었고 김동리 단편소설 「밀다원 시대」의 배경인 밀다원 다방은 다방 그 이상의 장소였다. "광복동 문총 사무실 2층의 이 다방은 갈 곳 없는 문인들의 안식처였고 찾기 힘든 동료들의 연락처였으며, 일할 곳 없는 작가들의 사무실이었고 심심찮게 시화전도 열리는 전시장이기도 했다."

카페와 달리 사생활이 보장되는 내밀한 공간인 침실에서 일한 작가로 마르셀 프루스트가 있다. 그는 소음을 극도로 싫어한 나머지 침실 벽에 코르크를 붙이고 칩거하여 『잃어버린 시간을 찾아서』를 집필했다. 파리의 카르나발레 박물관에 그 침실이 보존돼 있다. 침대에서 집필할 때가 많았던 그는 한 출판사에서 이런 출간 거절 편지를 받기도 했다. "주인공이 잠들기 전 침대에서 뒤척이는 모습을 묘사하는 데 30페이지나 필요한 이유를 아무리 생각해도 모르겠군요."

개방된 카페와 내밀한 침실의 중간이 집필실 혹은 작업실이라 하겠다. 우리나라에서 집필실을 마련하는 작가들이 많아진 것은 1990년대 후반부터다. 1997년 2월 25일 자 『동아일보』에는 이런 글이 실렸다. "전업 작가로서 프로 의식을 갖는데도 집필실이 필요하다. 집에서 창작하다 보면 고등실업자인 것 같은 자괴감에 빠지기 때문에라도 집필실이 필요하다는 것이 젊은 작가들의 공통적인 얘기."

멀쩡한 집 놔두고 왜 별도의 작업실이 필요한가 싶을지 모르지만, 집에서는 노동과 휴식의 경계가 허물어지기 쉽다. 아무래도 작업실 쪽이 생산성이 높다. 물론 작업실을 두려면 비용이 든다. 하지만 그 비용을 확보해야 하니 작업에 임하는 자세가 절로 가다듬어지기도 한다. 작업실의 필수 원칙 하나는 친구나 손님을 들이지 않는 게 좋다는 것. 자칫 작업실이 아니라 놀이터나 아지트, 무슨 연락사무소로 변질될 수 있다.

요즘엔 노트북을 가지고 카페를 출근하다시피 찾는 작가들도 드물지 않다. 너덧 시간, 어떨 땐 그 이상 자리를 차지하고 앉아 작업에 몰두하는 게 카페 주인으로선 마뜩잖을지 모른다. 그래도 늘 붐비는 카페가 아니라면 '개근 단골'을 너그러이 용납해 주면 좋겠다. 너무 오랜 시간 한 카페에서 작업하다가 피곤해지자, 근처 옆 카페에 가서 잠시 커피 마시며 쉬다가 온 작가도 있다. 누구 얘기일까?

장서가

책을 많이 간직하여 둔 사람을 장서가藏書家라 한다지만, 과연 책이 얼마나 많아야 한다는 걸까? 지상 3층, 지하 1층 규모 서고를 지어 10만여 권을 소장했던 일본의 저널리스트 다치바나 다카시 정도는 되어야 하는 걸까? 책이 값비싼 귀중품이던 전통 사회에서 개인이 많은 책을 소장하기는 어려웠다. 르네상스 시대 마키아벨리의 아버지 베르나르도는 인문학에 관심을 기울이며 책을 모았으나 장서는 40권에 불과했다.

동아시아에서는 많은 책을 말할 때 오거서五車書, 즉 '다섯 수레의 책'이라 했다. 장자莊子가 친구 혜시惠施를 가리켜 "학설이 다방면에 걸쳐 있고 저서는 다섯 수레 분량"이라 한 데서 비롯한 말이다. 사실 다섯 수레 분량 책은 권수로 따지면 많은 것이 아니다. 고대의 책은 세로로 긴 평평한 나뭇조각들을 끈으로 엮은 죽간이나 목간 더미였으니, 오늘날의 단행본 한 권을 죽간으로 만들면 수레의 상당 부분을 차지할 것이다.

조선에서는 17세기부터 본격적인 장서가의 시대가 열렸다. 좌의정을 지낸 이경억(1620~1673)이 1만여 권, 『임원경제지』로 유명한 서유구(1764~1845)가 8000여 권, 영의정을 지낸 심상규(1766~1838)가 3만여 권을 소장했다고 전해진다. 이러한 장서에는 중국에서 들여온 책도 많았다. 그런데 중국 명나라의 진계유陳繼儒(1558~1639)가 보기에도 사신으로 온 조선 선비들의 탐서探書는 유별났던 모양이다.

"조선 사람들은 책을 무던히도 좋아한다. 조선 사신들은 책 종류나 옛 책 새 책 가리지 않고 조선에 없는 책을 찾아 제목을 적어 물어물어 구하러 다닌다. 아무리 값이 비싸도 사 간다. 우리나라보다 조선에 더 다양한 판본들이 있는 지경이다."

허균(1569~1618)은 두 차례 중국을 다녀오면서 "재산을 흔쾌히 털어 4000권쯤 샀다"고 호기롭게 자랑했다. 영조 때 영의정을 지낸 이의현(1669~1745)은 두 차례 사신으로 가서 90종 1600여 권을 사 왔다.

보기 드물게 많은 책을 소장해야만 장서가가 될 수 있는 건 아니다. 대한출판문화협회가 공모했던 '모범장서가'의 응모 기준은 '일반 도서 2000권 이상 소장'이었다. 2017년 대한출판문화협회장상을 수상한 이종근 씨는 2만 4091권, 한국출판문화진흥재단 이사장상을 수상한 장상용 씨는 1만 4262권, 장려상을 받은 최국낙, 류종승, 박지수 씨 등은 각각 4241권, 3110권, 3097권을 소장했다.

'책 실은 수레를 끄는 마소가 땀을 흘리고 쌓으면 들보에 닿는다'는 뜻의 한우충동汗牛充棟. 당나라 문장가 유종원柳宗元이 이 표현을 처음 썼을 때 맥락은 '신통치 않은 책들이 그만큼 많다'는 것이었다. 갈피 없이 방만한 만 권보다 알차고 유익한 수백 권이 장서가의 기준에 더 부합할지도 모른다. 갈피도 계통도 없이 방만하기만 한 2만 권을 소장한 나는 그래서 장서가가 아니라, 다만 책을 많이 갖고 있는 사람일 뿐이다.

장서인

장서인藏書印은 책이나 그림, 글씨의 소장자가 자기의 소유임을 나타내기 위해 찍은 도장이다. 국문학자 도남 조윤제가 말한다. "소장자의 소유를 명시하기 위해 찍어 두는 것이지만 장서가는 실용을 넘어 도락을 구하고자 한다. 어떤 호사가는 장서인에 자기 가계를 표시하기도 하고 혹은 자자손손 영세토록 귀하게 간직하라子子孫孫永世寶藏는 간절한 부탁까지 한다."

일반적으로 장서인은 '누구누구의 장서' 하는 식으로 간단하게 새기지만 천양간고본天壤間孤本, 즉 '하늘과 땅 사이에 단 하나밖에 없는 유일본'이라거나 불출문달엄금대매不出門闥嚴禁貸賣, 즉 '문바깥으로 반출하지 말 것이며 빌려주거나 파는 것을 엄금한다'는 내용을 새기는 경우도 있었다. 책에 대한 자부심과 애정을 마음껏 드러내며 나름의 개성을 표현한 문구도 많았던 것이다.

1101년 고려 숙종이 책을 보고 장서인을 찍었다는 기록이 우리나라에서 가장 오래된 관련 기록이다. 병자호란 때 항전을 주장하다가 청나라로 끌려간 김상헌(1570~1652)은 「군옥소기」群玉所記에서 자신의 장서인의 아름다움을 묘사했다. "그윽한 자태가 이슬을 머금으니, 아름다운 여인이 울며 이별하다 떨군 눈물이 구슬로 맺힌 듯."

장서가 한 사람이 장서인 여러 개를 사용하기도 했다. 월탄 박종화는 크고 작은 장서인 아홉 개를 사용했다. 역사학자 동빈 김상기는 양각과 음각 장서인 10여 가지를 서재에 비치했다. 장서인은 개인뿐 아니라 도서관에서도 찍었다. 도서관 소장 도서에 주로 전서체篆書體 한자로 새긴 큼지막한 장서인이 찍혀 있는 것을 지금도 볼 수 있다.

대형 서점에서 책을 살 때면, 계산대의 서점원이 책 아랫면에 작은 서점 도장을 찍어 준다. 내가 돈 주고 사는 내 책인데 서점의 흔적이 도장으로 남는다는 게 썩 달갑지 않아서 항의해 보기도 했지만, 규정이니 어쩔 수 없다는 대답을 들어야 했다. 장서인이 아니라 서점인書店印이라고 해야 하나. 그런 규정은 나 같은 책 구매자 입장에선 폐습에 불과하다고 생각한다.

책 소장자의 장서인이 아니라 저자의 인장이 찍힌 경우로는 판매 부수를 확인하고 인세를 정산하기 위한 인지印紙가 있었다. 인지를 붙이지 않은 책이 나돌거나 인장이 위조되기도 하여 저자와 출판사가 법정 다툼을 하는 일도 있었다. 이후 저작권에 대한 인식 수준이 높아지면서 "저자와의 협의에 따라 인지는 생략합니다" 같은 문구가 찍히다가 2000년대를 지나며 빠르게 사라졌다.

누군가는 장서인을 소유욕과 과시욕의 산물로 볼 수도 있을 것이다. 그러나 그 욕망의 대상이 책이니, 이는 한껏 부려 봐도 좋은 욕심이다. 같은 책이 수십만 부 있더라도 그중 내가 가진 책은 다르다는 것. 장서인을 찍는 행위는 책이 하나의 상품에서 나만의 의미로 바뀌었음을 확인하는 즐거운 의식, 그러나 거의 사라진 책 문화다.

장정

단정하고 깔끔하며 튼튼하고 믿음직스러우면서도 아름답다. 세로 길이가 어른 손바닥 길이에 못 미치는 책이지만, 훨씬 더 큰 책들 사이에 꽂혀 있어도 주위를 압도하는 조용한 카리스마가 느껴진다. 바로 헤이본샤平凡社에서 펴내는 도요문고東洋文庫 시리즈다. 장정을 맡은 이는 일본 현대 북디자인의 선구자들 가운데 한 사람으로 평가받는 하라 히로무다. 속표지 바로 안쪽에 세로로 적힌 '裝幀 原 弘'(장정 하라 히로무)라는 글자가 이 시리즈 책이 '물건'으로서 갖는 보편적 질감의 수준을 조용하게, 그러나 강력하게 보증한다.

표지 도안을 중심으로 하는 책의 전반적인 꾸밈새를 장정裝幀이라 한다(요즘엔 북디자인이라는 말이 훨씬 더 자주 쓰인다). 전통 사회에서 책은 귀하고 값나가는 물건이어서 아름다운 장정이 자연스러웠다. 더구나 책의 상당수는 신의 말씀이나 성현의 언행을 기록하고 해설한 경전이었으므로, 그렇게 중요한 내용을 담는 그릇인 장정은 숙련된 장인이 만드는 '작품'이 될 수밖에 없었다. 책이 대량 제작·유통되는 상품으로 변모한 오늘날과는 사정이 달랐던 것이다.

일제강점기부터 1970년대 중반까지 우리 도서의 장정은 주로 화가들이 맡았다. 김용준, 정현웅, 김환기, 김기창, 길진섭, 장욱진, 구본웅, 남관, 박서보, 박고석, 이응노, 윤명로, 천경자. 이밖에도 많은 화가들이 장정에 참여했으며 김용환, 김영주, 이승만, 김세종 등 삽화가들, 김충현, 김응현, 손재형 등 서예가들도 솜씨를 보탰다.

최남선이 우리나라 역대 문헌에 실린 시조를 모아 1928년에 펴낸 『시조유취』時調類聚의 표지는 위창 오세창의 조카인 동양화가 오일영의 작품이다. 제목 글자, 즉 제자題字는 3·1운동 당시 조선 독립에 관한 의견서와 선언서 등을 도쿄 현지에서 일본 정부측에 발송한 임규의 글씨다. 최남선은 임규의 일본인 아내의 안방에서 독립선언서를 작성했다. 이 책의 장정에는 위당 정인보와 1세대 유화가 김찬영도 참여했다.

윤영춘 시집 『무화과』(1948)의 장정은 운보 김기창, 제자는 오세창이 맡았다. 윤영춘은 시인 윤동주의 오촌 당숙이며 가수 윤형주의 부친이다. 조풍연의 『청사수필』(1959) 장정은 김기창의 아내인 화가 박래현, 제자는 서예가 김충현의 작품이다. 역사학자 두계 이병도의 『내가 본 어제와 오늘』(1966) 표지 도안은 장욱진, 제자는 서예가 월담 이동용의 작품이다. 장욱진의 아내로 두계의 맏딸인 이순경이 서울 혜화동에서 운영하던 서점 동양서림은 주인은 바뀌었지만 지금도 영업 중이다.

이처럼 장정가와 저자가 가족인 경우로 화가 김환기의 아내 김향안의 수상집 『파리』(1962), 소설가 박태원의 동생 박문원이 장정을 한 『천변풍경』(1947)이 있다. 문학, 회화, 서예, 사진, 삽화 등 다양한 예술 장르들이 단행본에서 융합적인 성과를 내던 시절이다. 오래된 책 표지들은 당대 문예계의 교류 네트워크를 증언하는 자료이자, 오늘날 새삼 강조되는 영역 간 융합이라는 '오래된 미래'의 흔적이다.

저자 서명본

저자 J.K. 롤링의 자필 서명이 적힌 『해리 포터와 마법사의 돌』 초판이 2007년 런던 크리스티 경매에서 4만 달러에 낙찰됐다. J.R.R. 톨킨의 『반지의 제왕』 초판본은 경매에서 10만 달러에 팔린 적이 있다. "나의 가장 오랜 친구, 호빗의 여왕 엘린에게." 톨킨이 자신의 제자이자 학문적 동료인 엘린 그리피스에게 증정한 서명 본이었다. 1937년에 나온 톨킨의 『호빗』 초판 한 권은 2015년 런던 경매에서 13만 7000파운드에 팔렸다. 톨킨이 제자 캐서린 킬 브라이드에게 증정한 서명본이었다.

영국 런던의 세실코트에 있는 골즈버러 서점은 저자가 직접 서명한 초판본만 판매하는 서점이다. 조지 오웰이 서명한 『동물 농장』 초판은 우리 돈으로 약 400만 원, 댄 브라운이 서명한 『다 빈치 코드』 초판은 90만 원이다. 이곳에서는 잘 알려지지 않은 저자의 책을 앞으로 저명해질 가능성에 근거하여 미리 매입해 두기도 한다. 이런 서점을 운영하려면 될성부른 떡잎을 판단하는 감식안이 필요한 셈이다.

저자 서명본 수요에 적극적으로 부응하는 작가도 드물게나마 있다. 현대 미국 작가 존 업다이크는 자신의 작품들 중 일부를 엄선하여 수백 부만 인쇄한 뒤, 책에 직접 서명하곤 했다. 저자 서명본을 모으는 수집가들은 반송용 우표를 넣어 작가에게 책을 보내 서명을 부탁하기도 한다. "하루에도 대여섯 권씩 사인을 부탁하는 책들이 배달되어 책상에 쌓이곤 한다." 미국 작가 제임스 미치너의 말이다.

작가의 자필 서명이 적힌 특별 한정판도 있다. 2007년 김훈의 소설 『칼의 노래』 판매 100만 부 돌파를 기념하여 작가의 서명이 적힌 특별소장본 2000부가 출간됐다. 조정래의 『태백산맥』도 200쇄 돌파를 기념하여 작가 서명이 있는 2000세트 가죽 장정본이 2009년에 나왔다. 가장 일반적인 저자 서명본은 책이 처음 나왔을 때 서명하여 지인들에게 건네는 증정본이다.

이런 증정본에는 '받아 간직하여 주십시오'라는 뜻의 혜존惠存을 상대방 이름 뒤에 쓰거나, '삼가 씁니다'라는 뜻의 근지謹識를 저자 자신의 이름 뒤에 적기도 한다. 한자 識은 알다, 분간하다 등을 뜻할 때는 '식'으로 읽지만 기록하다, 표시하다 등을 뜻할 때는 '지'로 읽는다. 출판기념회나 저자 강연회 등에는 거의 빠지지 않고 저자 서명 시간이 마련된다.

책은 펴냈을 때가 아니라 독자가 읽을 때 비로소 완성된다. 저자의 서명 행위는 '부디 이 책을 저와 함께 완성하여 주십시오'라고 부탁하는 정중한 당부이자 문화적 소통 행위다. 이는 '이 책에 대하여 제가 책임지겠습니다'라는 무언의 보증 행위이자 자신감의 표현이다. 또한 '그동안 가르쳐 주시고 격려해 주셔서 고맙습니다'라는 감사 행위이자 하나의 의례다. 작가에 관해 연구할 때 저자 서명본이 자료 구실을 할 수도 있다. 저자와 어떤 형태로든 인연을 맺은 사람을 알려 주기 때문이다. 이런 의미에서 저자 서명본은 저자의 인적 네트워크의 단서가 된다.

전쟁

"왜인들은 신기한 것, 다른 나라와 통교하는 것을 좋아하여 멀리 떨어진 외국과 통상하는 것을 훌륭한 일로 여깁니다. 외국 상선이 와도 사신 행차라 합니다. 교토에서는 남만 사신이 왔다고 왁자하게 전하는 소리를 거의 날마다 들을 수 있습니다." 정유재란 때 일본으로 끌려가 3년 만인 1600년에 풀려나 귀국한 강항이 선조에게 올린 글로 그의 『간양록』看羊錄에 실려 있다.

강항은 억류 상태에서 성리학 기반의 유교 경서 주석 등을 전하여 일본 성리학 발전에 영향을 미쳤다. 『간양록』에는 그가 만난 일본 측 인사들과 일본 사정이 기록되어 있다.

간양看羊은 양을 돌본다는 뜻이다. 한나라 무제 때 흉노에 사신으로 갔다가 억류되어 회유를 거부하고 양 치는 노역을 하다가 19년 만에 돌아온 소무蘇武의 충절을 뜻하는 표현이다. 강항 자신이 붙인 본래 제목은 '건차록'巾車錄이었다. 건차는 죄인을 태우는 수레를 말하는데, 적군에 끌려가 생명을 부지한 강항이 자기 자신을 죄인으로 자처한 것이다. 강항이 세상을 떠난 뒤 제자들은 책을 펴내면서 제목을 바꿨다.

전란을 배경으로 탄생했거나 전쟁을 주제로 한 책들이 적지 않다. 서양 고전의 앞머리 『일리아스』는 전쟁 이야기이며, 중국의 『시경』에도 전란 속 백성의 현실과 심경을 담은 시가 드물지 않다.

로마의 카이사르가 갈리아에서 펼친 군사 활동을 기록한

『갈리아 전기』나 이순신의 『난중일기』는 군대를 이끈 인물이 직접 썼으며, 윈스턴 처칠은 회고록이라 할 수 있는 『제2차 세계대전』으로 1953년 노벨 문학상을 수상했다. 임진왜란 때 조선에 온 승려 케이넨慶念이 전란의 참상을 기록한 『조선일일기』朝鮮日日記 같은 종군기從軍記도 많다.

'적십자의 아버지' 앙리 뒤낭의 『솔페리노의 회상』(1862)은 인도주의와 평화를 향한 인류의 발걸음을 재촉하는 책이 전쟁을 계기로 탄생한 경우다. 1859년 북부 이탈리아에서 사르데냐-프랑스 동맹군과 오스트리아군이 맞선 솔페리노 전투의 부상자들을 구호한 경험이 생생하다.

"한 병사가 찢어지고 부서진 턱 밖으로 혀가 튀어나와 형체를 알아보기 힘든 상태에서 일어나려 애쓰고 있었다. 나는 깨끗한 물로 메말라 터진 입술과 굳어진 혀를 축여 주었으며 붕대 한 뭉치를 집어 양동이 물에 적신 후 물을 짜 넣어 주었다."

수많은 책을 파괴한다는 점에서 전쟁은 책의 적이지만 한편으로 많은 책을 낳기도 했다. 전쟁과 책의 비극적인 역설이다. 역사학자 김성칠이 전쟁 중 기록한 1950년 12월 3일 자 일기를 다시 읽어 본다.

"오늘날 이 세상에선 '3만지'라야만 살 수 있다는 것이다. 무슨 소린고 했더니 밖에서 보아 있는지 만지 한 마을에, 집인지 만지 한 집을 지니고, 사람인지 만지 할 정도로 처신하여야만 살아남을 수 있다는 것이다. 무자비한 좌우의 항쟁이 남긴 시골 사람에의 교훈이다."

전집

한 사람 또는 같은 시대나 같은 종류의 저작을 한데 모아 한 질로 출판한 책. 이름하여 전집全集이다. 율곡 이이 전집 『율곡전서』栗谷全書는 1611년 『율곡집』栗谷集으로 처음 나와 1682년 보완을 거쳐 1742년 『율곡전서』로 확장되었으며, 1814년에 현재의 체제로 완성되었다. 전집의 뜻에 합당한 체제를 완비하는 데 200년 넘게 걸린 것이다.

철학자 에드문트 후설(1859~1938)은 속기 원고 4만 5000장과 타이프 원고 1만 장을 남겼다. 유대인인 후설의 이 방대한 유고는 나치에 의해 불살라질 위기에 처했으나, 반 브레다 신부가 유족을 설득하여 나치의 눈을 피해 벨기에 루뱅대학교로 옮겨 '후설 문서보관소'가 성립되었다. 이를 바탕으로 1950년대부터 후설 전집이 출간되고 있지만 유고를 언제까지 정리할 수 있을지는 기약이 없다.

이 땅에서 서양의 전집이 처음 언급된 것은 '인도 브라만교의 리그베다 찬가讚歌 전집이 옥스퍼드대학교 출판국에서 간행되었다'는 내용의 『황성신문』 1902년 8월 14일 자 기사다. 서양과 일본의 전집은 1920년대 중반부터 본격적으로 들어오기 시작했다. 1923년 8월에는 최두선, 이갑수, 김준연 등 독일 유학생 일곱 명이 당시 가치 1200여 원 상당의 책을 독일 현지에서 구매하여 경성도서관에 기증했다.

기증 도서 가운데에는 플라톤 전집, 아리스토텔레스 전집,

괴테 전집, 빙켈만 전집, 칸트 전집, 피히테 전집, 하르트만 전집 등이 있었다. 일본이 제1차 세계대전 배상금 조로 독일에 요구하여 받은 책들이 경성제국대학(1924년 설립) 도서관에 비치되기 전이다. 일제강점기의 대표적인 출판 프로젝트로는 정약용(1762~1836) 전집, 즉 『여유당전서』與猶堂全書(1934~1938, 신조선사) 간행을 들 수 있다.

1935년 『동아일보』는 '다산 서세逝世 100주년' 기념행사를 열어 정약용은 물론 조선학, 국학에 대한 관심을 고조시켰다. 『여유당전서』에 관한 연구이자 논설인 최익한의 「여유당전서를 독讀함」이 1938년 12월부터 1939년 6월까지 65회에 걸쳐 『동아일보』에 연재되기도 했다. 전집 편찬이 사회운동, 민족운동 차원에서 이루어진 사례다.

1960년대를 우리 출판의 역사에서 '전집 시대'로 일컫기도 한다. 주로 방문판매와 책 대금 할부 납입 방식으로 많은 도시 가정들이 호화 양장본 전집을 사들여 거실에 비치했다. 당시의 전집은 반드시 읽을 목적으로 사는 것은 아니어서 일종의 장식용 및 과시용이기도 했다. 1970년대까지도 TV 수상기, 장식장, 전집, 전축 등은 도시 중산층 가정의 과시적 표식 구실을 했다. 이는 도시 중산층의 성장과 맞물린다.

좋은 전집을 뒷받침하는 것은 한 시대의 전반적인 지적 수준과 학문적 역량, 지식·문화의 가치에 대한 사회적 인식, 출판문화의 역량 등이다. 전집은 한 시대와 사회의 지력知力의 척도다. 우리 시대가 자신 있게 후대에 남길 만한 전집은 무엇일까?

절필

톨스토이는 소설 『안나 카레니나』가 큰 성공을 거둔 뒤 1870년대 후반 돌연 절필을 선언했다. 그간 위선적인 글을 써 왔다고 자책했지만, 삶에 대한 회의와 죽음에 대한 공포에서 비롯한 고뇌가 진짜 이유였다. 이후 종교적 인도주의에 심취한 그는 금욕 생활을 했으나 절필이 계속되진 않아서 『이반 일리치의 죽음』(1886), 『크로이처 소나타』(1889), 『부활』(1899) 등을 내놓았다.

우리나라에도 팬이 많은 무협·역사소설 작가 진융金庸(1924~2018)은 17년 동안 소설 15종을 발표했다. 그런 그가 『녹정기』鹿鼎記 신문 연재를 끝낸 1972년 마흔여덟 살 때 절필을 선언했다. 그때까지 쓴 작품을 뛰어넘는 작품을 쓰기 어렵다고 판단했기 때문이라거나, 작가보다는 언론인이자 평론가로 불리길 원했기 때문이라는 설 등이 있다. 다만 그는 절필 선언 뒤에도 기존 작품을 수정하는 작업은 이어 갔다.

요산 김정한(1908~1996)은 일제강점기 말부터 1960년대 중반까지 25년 동안 절필했다. 작가 스스로 '20년 넘도록 내처 붓을 꺾어 왔다'고 했지만, 그 기간에도 발표를 하지 않았을 뿐 소설과 희곡을 썼다. 김승옥은 1980년대 초 『동아일보』에 「먼지의 방」을 연재하던 중 신군부의 검열에 항의하며 절필을 선언한 뒤 영화감독과 시나리오 작가, 출판사 편집주간, 대학교수 등으로 일했다. 2003년 뇌졸중으로 쓰러진 그는 이듬해 산문집 『내가 만난 하나님』을 냈다.

소설가 한수산은 1981년 5월 국군보안사령부로 끌려가 고문당했다. 신문 연재소설『욕망의 거리』내용을 문제 삼은 만행이었다. 그는 풀려난 뒤 3년간 절필했고 1988년 일본으로 떠나 4년 뒤 돌아왔다. 소설가 김주영은 1989년 10월 절필을 선언했다. '내면에 더 이상 글을 써 나갈 힘이 남아 있지 않다'는 이유였지만 1년여 만에 집필을 재개했다. 절필 이유는 개인적인 것에서부터 사회적·정치적인 것까지 다양하다.

작가 생활에서 은퇴하는 것이 가장 자연스러운 절필이라면, 1970년대 중반부터 수필을 쓰지 않은 피천득(1910~2007)의 말이 큰 울림으로 다가온다. "한계에 도달했다고 느낄 때 바로 붓을 꺾어야 하지요. 그런데 쓰지 않으면 세상에서 잊히는 것만 같아서 전만 못한 글을 자꾸 써 댄단 말이죠. 그러다 보면 글이 가치가 낮아지고 허위가 되고 수준 이하의 글쓰기를 되풀이하게 돼요."

작가가 충분히 글을 쓸 수 있고, 또 쓴 글이 대중에게 여전히 다가갈 수 있는데도 쓰지 않아야 온전한 절필이다. 그 두 가지 조건 가운데 하나나 둘 모두를 더 이상 충족시키지 못한다는 것을 작가 스스로 깨닫거나, '글 시장'에서 깨달아 더 이상 글을 쓰지 않는다면 그것이 절필일까? 그걸 굳이 절필이라 한다면 작가로서의 수명이 다했기에 단행하지 않을 수 없는 비자발적 절필이라 할까. 작가의 수명은 작가 자신보다 '글 시장'이 더 잘 아는 것인지 모른다. 시장이란 늘 엄혹하고 가차 없다.

제목

로버트 피츠로이는 찰스 다윈이 진화론을 발전시키는 데 디딤돌이 된 5년에 걸친 남반구 탐사 항해에서 비글호의 함장이었다. 다윈과 피츠로이 모두 저서를 남겼지만 피츠로이의 저서를 기억하는 사람은 거의 없다. 그 잊힌 제목은 이렇다. '남아메리카 남부해안 탐사와 비글호의 세계 주항을 포함한 영국 군함 어드벤처호와 비글호가 1826~1836년 사이에 수행한 탐사 항해의 기록'.

서양에서는 19세기까지만 해도 책 내용을 요약한 긴 제목이 많았다. 다윈의 『종의 기원』도 1859년 처음 나왔을 때 제목은 '자연선택이라는 수단 또는 생존경쟁에서 유리한 종족의 보존에 의한 종의 기원에 관하여'였다. 오늘날 출판 시장에서 제목title은 출간 시기timing, 대상 독자target와 함께 책 판매 흥행의 이른바 '3T' 요소 가운데 하나지만, 출판이 시장과 거리가 멀던 옛날에는 제목에 대체로 무심했다.

사마천의 『사기』史記는 글자 그대로 '역사 기록'을 뜻하는데 처음 제목은 그냥 사마천의 벼슬에서 따온 '태사공서'太史公書, 즉 '태사공이 쓴 책'이었다. 조선 선비들의 문집도 정도전의 『삼봉집』, 이황의 『퇴계집』처럼 그저 호號가 붙은 제목을 지녔다. 그렇다고 동양의 옛 책 제목들이 다 심심한 건 아니다.

1175년 중국 남송의 주희와 여조겸은 북송시대 주요 유학자들의 글을 가려 뽑아 『근사록』近思錄을 편찬했다. '근사'는 "절실히 묻고 가까운 데부터 성찰한다"切問而近思는 『논어』 문장에 나오는 말이다. 영역본 제목도 'Reflections on Things at Hand', 즉 '가까운 것에 대한 성찰'이다. 높고 멀고 깊은 것보다 가까운 일상을 중시하는 유교의 정신을 잘 대변한다.

미국 사상가 리 호이나키는 정년 보장 교수직을 버리고 농부가 되어 소비주의 사회에서 벗어난 삶을 실험했다. 그의 경험과 성찰을 담은 저서의 제목 '정의正義의 길로 비틀거리며 가다'Stumbling toward Justice는 발부리 자꾸 걸리는 돌밭 길이라도 한 걸음 한 걸음 정의를 향해 걷겠다는 결의이자, 그런 길은 험난할 수밖에 없다는 뜻을 담고 있다.

『근사록』과 리 호이나키의 책은 모두 책의 주제와 성격, 편찬자 및 저자의 의도와 진심을 잘 표현한 제목을 지녔으며 제목의 뜻만으로도 울림이 크다. 제목에 대해 편집자 의견을 존중하는 게 좋다는 걸 보여 주는 사례도 있다. 김훈은 '광화문 그 사내'라는 제목을 생각했지만 편집자가 반대하자 '칼과 길'을 제안했다. 결국 편집자가 제안한 제목을 따라 『칼의 노래』가 출간됐다.

책도 상품이기에 제목부터 독자의 눈길을 잡아끌어야 할 필요도 있겠지만 재치와 기발함이 지나치면 과장과 허위로 흐른다. 미국 작가 넬슨 드밀의 말이 정곡을 찌른다. "나는 예전에 어느 고참 편집자가 해 준 말을 늘 기억하고 있다. 소설을 베스트셀러로 만들어 주는 제목이 따로 있는 게 아니라 많이 팔린 소설의 제목이 바로 베스트셀러 제목이라는 것 말이다."

조숙한 저자들

중국 위진남북조시대 위나라 왕필王弼이 남긴 『노자주』老子注는 『노자』에 대한 탁월한 주석으로 손꼽히며 『노자』 해석의 역사에서 오랜 세월 중시되어 왔다. 그런데 이 책은 왕필이 겨우 열여덟 살 때 지은 것으로 전해진다. 「조론」肇論으로 불교 사상사에 큰 족적을 남긴 승조僧肇(384~414)는 어릴 때부터 책 베끼는 일로 생계를 이어 가며 공부한 끝에, 스무 살 무렵부터 깊은 학식으로 이름이 높았다.

17세기 조선의 졸수재 조성기(1638~1689)는 십 대에 이기理氣에 관한 수준 높은 글을 썼고, 스무 살 때 퇴계와 율곡의 학설을 종합하려는 논문을 썼다. 그는 확립된 학문적 권위를 따르기보다 스스로 탐구하는 데 힘썼다. 박지원이 「허생전」에서 조성기를 평가했다. "적국敵國에 사신으로 보낼 만한 인물이었건만 초야에서 지내다 세상을 떠났다."

황석영은 1962년 고등학교 3학년 때 단편 「입석 부근」으로 『사상계』 신인문학상을 수상했다. 1963년에는 당시 고등학교 2학년생이던 최인호의 단편 「벽구멍으로」가 『한국일보』 신춘문예에서 가작으로 뽑혔다. 곽하신과 천승세는 십 대에 『동아일보』 신춘문예에서 각각 1938년 당선자, 1958년 입선자가 됐다. 역대 최연소는 1925년 『동아일보』 신춘문예 동화 부문에서 가작 입선한 당시 열네 살의 윤석중이다. 시인 이형기는 1949년 잡지 『문예』에 서정주의 추천으로 등단했다. 진주농림학교 5학년 학생이던 그는 당시 열일곱 살이었다.

육당 최남선은 열일곱 살 때 「해에게서 소년에게」를 발표했고 김소월이 등단한 것은 열여덟 살 때였다. 이효석은 1925년 『매일신보』 신춘문예에서 시 「봄」이 선외選外 가작으로 뽑혔다. 주요섭은 1920년 『매일신보』 신춘문예에서 단편 「이미 떠난 어린 벗」으로 입선했다. 마해송은 1923년 잡지 『샛별』에 최초 창작동화 「바위나리와 아기별」을 발표했다. 모두 그들이 열여덟 살이던 때의 일이다. 주요한은 열아홉 살 때 시 「불놀이」로 등단했다. 나도향은 스무 살 때 『동아일보』에 장편 「환희」를 연재했다.

프랑스 상징주의 시인 아르튀르 랭보는 십 대 중반부터 빼어난 작품을 내놓기 시작했다. 프랑스 작가 레몽 라디게는 열네 살 때 시를 짓기 시작했고 십 대 후반에 쓴 소설 『육체의 악마』(1923)로 문학사에 남았다. 에드거 앨런 포는 열여덟 살 때 '어느 보스턴 사람'이라는 익명으로 시집 『태머레인 외外』(1827)를 발표했다(비록 철저히 외면당하긴 했지만 말이다). 프랑수아즈 사강은 열아홉 살 때 발표한 『슬픔이여 안녕』(1954)으로 세계적인 인기 작가가 됐다.

예전과 달리 조숙한 십 대 저자들이 나오지 않는 것을 안타까워할 것까지야 없을지 모른다. 과거와는 문화적·사회적 환경이 다르고 연령대별 생애 과업 같은 것이 다를 수밖에 없다. 하지만 입시 경쟁과 한 줄 세우기 교육 풍토가 다른 줄을 탐색하지 못하게 하는 현실은 안타깝다. 창작과 저술의 '앙팡 테리블'(무서운 아이)은 이제 문학사와 사상사에서나 만날 수 있게 된 걸까.

죄와 벌

저작을 업으로 삼는 이들 중에는 책 한 권을 집필하고 펴낼 때마다 농반진반으로 죄 짓는 심정이라고 말하는 이들이 제법 있다. 누구에게 어떤 죄를 짓는다는 말인가? 바로 나무다. 종이의 원재료가 나무이니, 저서가 나온다는 것은 나무의 희생에 바탕을 둔다는 뜻이다. 지금 바로 이 책도 나무의 희생이 뒷받침되어 만들어졌으니 또 하나의 죄인가? 그렇다면 책에 대해 지은 죄랄까, 책으로 인해 죄를 범하고 벌을 받은 경우는 없었을까?

1781년 첫 한 벌이 완성된 사고전서四庫全書는 청나라 건륭제가 이끈 사상 최대의 출판 프로젝트였다. 1만 680종 문헌을 경서, 역사, 사상, 문학으로 나눠 해제를 작성하고 그 가운데 3593종을 3만 6000여 책으로 펴낸 것이다. 건륭제는 필사를 맡을 3826명을 선발하여 한 사람이 연간 33만 자 이상, 5년 안에 200만 자를 쓰도록 했다. 아울러 필사의 양과 정확도를 헤아려 우수한 이를 관리로 임용한 반면, 오탈자가 생기면 필사자 본인과 감독하는 관리를 모두 벌주었다.

조선의 유득공, 서호수 등과도 친분이 깊었던 청나라 관리 이조원李調元은 1782년 5월 사고전서 한 벌을 성경(오늘날 선양)으로 운송하는 임무를 맡았다. 그런데 만리장성 동쪽 끝 노룡老龍에서 장마를 만나 책을 담은 상자가 젖어 버렸다. 쏟아져 내리는 비에 불가항력이었을 터인데도 이조원은 하옥되었다가 충군充軍, 즉 변방의 군졸로 복무하는 벌을 받았다. 임지로 가는 도중 사면

되긴 했지만 사고전서가 얼마나 중시되었는지 짐작할 수 있다.

1795년 정조는 사마천의 『사기』에서 중요한 내용을 가려 뽑은 『사기영선』史記英選을 편찬하면서 정약용, 박제가 등에게 교정을 맡겼다. 정조가 이 책에 들인 정성을 정약용의 다음 기록에서 알 수 있다. "자주 마주 대하시며 의논하셨다. 진기한 음식을 내려 배불리 먹여 주시고 꿩, 젓갈, 홍시, 귤을 비롯한 귀한 것들을 하사해 주셨다." 1796년 완성된 책을 본 정조는 오류와 결함이 많다는 이유로 정약용을 파직시켰다. 아끼는 신하라 하더라도 아끼는 책에는 못 미친다고 여긴 것일까?

1538년(중종 33)에 성주사고에 불이 나 실록이 불타 버렸다. 조정에서는 고의적인 방화로 보고 대대적인 조사를 벌였지만, 어이없게도 관노의 실수로 인한 화재였다. 관노 종말과 그의 아들이 사고 누각 위에 모인 산비둘기를 잡고자 불을 켜 들고 그물을 치다가 불똥이 떨어졌던 것이다. 결국 애당초 검거된 연루 혐의자들은 석방되고 성주목사 등 사고 관리에 책임 있는 자들은 파직당했다.

동아시아 전통 사회에서 책을 편찬하여 간행하고 보관하는 일은 문치文治의 기반이었다. 요즘으로 치면 막대한 예산이 투입되는 국책 사업이다. 그런 사업에서 죄를 지은 관리가 파직, 충군, 감봉 등 벌을 받는 것은 당연한 일이었다. 오늘날이라고 다를까. 국고를 쓰는 학술과 문화 분야 정부 지원 사업의 엄정한 집행은 아무리 강조해도 지나치지 않다.

직업

생계를 유지하기 위해 적성과 능력에 따라 상당 기간 계속하여 종사하는 일. 직업職業의 뜻이다. 그렇다면 작가를 직업이라 할 수 있을까? 독립된 자격으로 계속적이고 직업적으로 창작 활동을 하여 얻는 소득은 사업소득이므로 작가는 개인사업자다. 실제로 종합소득세 납부 기간에 '문필업 개인사업자'로서 소득세를 신고하고 납부한다. 하지만 단지 생계유지만을 위해 작품을 쓰는 작가는 아마 없을 것 같다.

창작에만 전념하고 다른 직업 활동은 하지 않는 전업 작가도 많지 않다. '창작에만 전념'한다고는 하지만, 자칭 타칭 전업 작가들도 강연을 한다거나 창작 수업을 진행한다거나, 글 쓰는 것 외 수입원을 두곤 한다. 그야말로 극소수 작가를 제외하면 글만 써서는 생계유지가 불가능하기 때문이다. 전업 작가가 게으르면 심각한 생계 곤란에 빠질 가능성이 크다.

1999년 2월 말 전업 작가 30여 명이 강원도 동해안 일대를 여행하며 작가의 위상과 문학의 장래에 관해 토론한 적이 있다. 김주영, 김원일, 이경자, 윤후명, 박영한, 최인석, 박상우, 심상대, 은희경, 방현석, 한창훈, 전경린, 한강 등의 이름이 보인다. 당시 좌장 역할을 한 김주영 작가는 "IMF 구제금융 이후 살림의 어려움을 피부로 느끼면서 위축된 전업 작가들이 서로의 고민을 나누며 힘을 얻는 기회"라 말했다.

우리나라에서는 적지 않은 작가들이 출판 편집자나 잡지 기자, 글쓰기 지도 강사, 대학 문예창작이나 국문학 강사·교수 등 직업을 갖고 작품 활동을 병행한다. 소설가 성석제가 한 인터뷰에서 말했다. "여유로운 시간 없이 소설을 쓰려고 하면 카프카 같은 근면함과 재능을 타고나야 하는데 쉽지 않은 일이다." 프란츠 카프카는 법학 학위를 받고 법원에서 일하다가 노동자산재보험공사로 직장을 옮겨 주경야작晝耕夜作했다.

소설가 블라디미르 나보코프는 곤충학자로서 1942년 하버드대학교 비교동물학 박물관에 연구원으로 취직한 뒤 계속 이 분야에서 일하려 했지만, 코넬대학교 문학부 교수가 된 후로 창작에 주안점을 두었다. 『어린 왕자』로 유명한 생텍쥐페리와 『갈매기의 꿈』으로 널리 알려진 리처드 바크의 직업은 비행사, 소설가 로맹 가리의 직업은 공군 조종사와 외교관이었다. 미국 작가 에릭 호퍼는 떠돌이 일꾼과 부두 노동자 생활을 했고, 우리나라 시인이자 평론가인 임화는 영화배우로 활동하며 주연을 맡기도 했다.

작가의 직업 배경이 작품 세계를 뒷받침하는 경우도 많다. 변호사 출신 존 그리샴은 법정 소설, 안과의사 출신 로빈 쿡은 의학 스릴러, 영국 정보부와 외무성에서 일한 존 르 카레는 첩보 소설의 대가이며, 조지프 콘래드의 소설 가운데는 20년 선원 생활 경험을 반영한 것들이 많다. 이렇게 보면 작가라는 직업은 다른 모든 직업을 문학적 상상력의 단서와 이야기 소재로 삼을 수 있는 독특한 직업이다. 이런 의미에서, 전업 작가라 하더라도 작가의 직업은 늘 둘 이상이다.

참고서

"학습 요령을 구체화한 국민학교 신교육의 최고 지침서." 1953년 '전과지도서'라는 제목으로 출발한 『동아전과』의 당시 광고 문구다. 1956년 『표준전과』가 나오면서 전과 양강 시대가 열렸다. 말그대로 전 과목을 한 권에 담은 전과全科는 처음 나올 때부터 인기를 끌었다. 1980년대 고등학생들의 책상은 『수학의 정석』(1966)과 『해법수학』, 『성문영어』(1967)와 『맨투맨영어』가 나누어 점했다. '정석'과 '성문'이 우세인 가운데 국어는 『한샘국어』가 독주했다.

평준화 지역에서 실시되던 연합고사, 즉 고입 선발고사 대비에는 '─년간 총정리'가 인기였다. 예컨대 『17년간 총정리』라면 그 전 17년 동안 출제된 기출 문제를 정리한 것이다. 그 시절 대입 예비고사·학력고사 수석 학생들은 이렇게 말했다. "교과서를 중심으로 공부했다." 교과서를 중심으로 공부했지 교과서만으로 공부한 건 아니라는 것. 기초를 충실하게 다지며 참고서를 봤다는 뜻이다.

학교가 있으면 교과서가 있고 시험이 있으면 참고서가 있다. 조선의 과거 시험도 예외는 아니었다. 특히 유교 경서를 과거 시험용으로 엮은 『삼경사서강경』三經四書講經이나 『강경초집』講經抄集이 인기였다. 논술에 해당하는 책문策問 시험에 대비하려는 이들은 기출 문제집과 모범 답안집을 겸한 『동국장원책』東國壯元策과 『동국장원집』東國壯元集을 공부했다. 그동안 출제된 문제만 따로 정리해 놓은 『과제각체』科題各體, 답안 문장 쓰는 법을 담은 『과문규식』科文規式도 있었다.

중국에서는 명나라 때 과거 수험생 수가 늘면서 유교 경서와 참고서 수요도 커졌다. 이는 명나라 말기 강남 지방 출판업의 융성으로 이어졌다. 17세기 학자 고염무顧炎武가 「생원론」生員論에서 당시 상황을 전한다. "생원이 각 현마다 300명 정도라 하고 강남 지방 큰 현에는 어느 곳이건 1000명 이상이니, 천하의 생원은 50만 명에 이른다." 생원은 현시縣試와 부시府試, 원시院試에 차례로 모두 합격한 사람을 일컫는다.

참고서가 아닌 참고서, 일종의 유사 참고서도 있다. "논술 고사에 대비하기 위해 이문열의 『삼국지』를 열세 번이나 읽었어요." 1993년도 입시에서 서울대학교에 수석 입학한 당시 최모 군의 인터뷰 대담이다. 기회를 놓칠세라 출판사 측은 이 멘트를 광고 카피로 썼다. 최 군에게 일종의 광고 사례비라 할 소정의 장학금도 지급했음은 물론이다. 이는 이문열 편역 『삼국지』 판매를 더욱 가속화시킨 동력이자, 그것이 유사 참고서가 된 계기였다.

국민 독서 실태 조사에서 '일반 도서'는 교과서·참고서·수험서·잡지·만화를 제외한 종이책을 뜻한다. 이렇게 일반 도서에서는 제외되지만 참고서는 거의 모든 사람이 읽는 책일뿐더러, 한 시대 공교육의 내용과 제도를 반영한다. '국민은 그들 수준에 맞는 정부를 갖는다'고 한다. 한 사회는 그 교육의 수준에 맞는 참고서를 갖는다.

1970년대 말 고려대학교 도서관이 발행하는 소식지 제목에 도서관 측이 새로 만든 한자가 등장했다. 소식지에 '도서관'이라는 단어가 워낙 자주 나오기 때문에 번거로움을 피하기 위하여, 한자로 '冊'(책)과 에워싼다는 뜻의 '囗'(위)를 조합하여 도서관을 뜻하는 새로운 한자를 만들어 썼던 것이다. 글자 모양만 보면 '고대책보'高大冊報 비슷했지만 읽을 때는 '고대도서관보'로 읽었다.

책이라는 한자는 죽간이나 목간을 끈으로 꿰어 놓은 모양을 본뜬 상형문자다. 공자는 수레를 타고 가다가 공문서 운반하는 사람을 만나면 수레 위에서 예를 표했다. 나랏일을 중시하는 태도도 태도지만, 죽간이나 목간을 꿴 무거운 책 더미를 지고 가는 사람의 수고를 생각한 것이다. 많은 책을 뜻할 때 책 수레 끄는 소가 땀을 흘리고 쌓으면 대들보에 닿는다는 한우충동汗牛充棟이라는 말을 쓰곤 했다. 이때 책을 죽간과 목간이라 본다면 요즘 기준으로는 그리 많은 양은 아니다.

'典'(전)이라는 한자는 책을 손으로 받치거나 상 위에 올려놓은 모양이다. 책 가운데서도 기본이 되고 중요한 것을 손으로 받치거나 상 위에 올려놓고 수시로 읽는다는 의미다. 예컨대 경전은 삶과 세상의 기본 이치를 담고 있으며 법전은 사회질서의 기본이 되고, 자전字典은 문자 생활의 기본이다. '書'(서)는 말한다는 '曰'(왈)과 손으로 잡은 붓을 나타낸 '聿'(율)이 합쳐진 글자다. 말하는 것을 붓으로 기록하여 만든 것이 책이다. 대나무로 붓

대를 만들었으니, '聿'(율)에 대죽 머리를 더하여 붓 '筆'(필)이 되었다.

오늘날 책 수를 셀 때 쓰는 '卷'(권)은 발음이 같고 모양도 비슷한 승차권의 '券'(권)과 혼동하기 쉽다. 책을 뜻하는 권에는 접고 말아서 갈무리한다는 뜻이 있으니 둘둘 말아 두는 문서를 뜻하게 되었다. 이러한 두루마리 책을 권자본卷子本이라 한다. 여러 권으로 이루어진 책 한 벌을 뜻하는 '帙'(질)도 권자본과 상관있다. 권자본을 일정 단위로 묶어 보관하기 위해, 대나무로 엮은 발이나 헝겊 등으로 포장한 것이 질이다.

그렇다면 영어의 'book'은? 오늘날 영어에서 너도밤나무를 뜻하는 'beech'가 고대 영어에서는 'boc'이었다. 이 말은 옛 고지高地 독일어에서 책을 뜻하는 'buoh'와 통하는데(지금의 독일어로는 'buch'), 옛 고지 독일어에서 너도밤나무는 'buohha'였다. 옛 게르만족이 너도밤나무 목판에 룬 문자를 새겨 넣던 관습에 따라 너도밤나무를 뜻하는 말이 책을 뜻하는 말을 낳았다는 설이 유력하다.

이처럼 책을 뜻하는 말들에는 책과 독서의 오랜 역사가 깃들어 있다. 죽간을 꿴 책을 둘둘 말아 두었다가 펼쳐 읽던 먼 옛날과, 클릭하고 터치하며 디지털 전자책을 읽는 오늘날의 차이는 기술 측면에서는 크다. 하지만 인간이 '읽는 인간', 즉 호모 레겐스Homo Legens가 되었던 첫 순간부터 읽는다는 것의 본질은 거의 변하지 않았다.

책갈피

책갈피는 '책장과 책장 사이'를 뜻한다. 오랜만에 펼친 책의 책갈피에 단풍잎이 꽂혀 있으면 추억에 잠기게 된다. 그때가 어느 해 가을이었을까? 한편 책갈피는 '읽던 곳이나 필요한 곳을 찾기 쉽도록 책의 낱장 사이에 끼워 두는 물건을 통틀어 이르는 말'이기도 하다. 서표書標, 갈피표, 북마크로도 일컫는다. 급한 대로 종잇조각 같은 걸 끼워 두기도 하지만 문양을 넣은 천이나 금속 등으로 제대로 만든 책갈피도 많다.

　나로 말할 것 같으면 여기저기서 증정받은 책갈피가 제법 여럿 있지만 좀처럼 사용하게 되질 않는다. 책을 읽을 때 바로 곁에 책갈피를 두어야 필요하면 즉시 사용할 수 있을 터인데, 그렇게 하지 못하는 것이다. 결국 책장 모서리를 접어 두거나 급한 대로 곁에 있는 아무 종이든 가늘게 찢어서 꽂아 두거나, 포스트잇이 있으면 그걸 붙여 두고 나서 '책갈피를 쓸걸' 후회한다. 물론 책갈피 용도로 쓰면 어떤 물건이든 책갈피이긴 하다.

　시인 기형도는 「오래된 서적」에서 책과 책갈피로 인생을 은유했다. "텅 빈 희망 속에서 / 어찌 스스로의 일생을 예언할 수 있겠는가 / 다른 사람들은 분주히 / 몇몇 안 되는 내용을 가지고 서로의 기능을 / 넘겨보며 서표書標를 꽂기도 한다".

　일본어에서는 서표를 시오리枝折り라 한다. 한자 그대로 풀이하면 '가지를 꺾는다'는 뜻이다. 옛날 일본에서는 이 말이 깊은 산이나 황야 등에서 통과한 길의 표적으로 나무를 꺾어 놓는 일을

뜻했다. 돌아올 때나 나중에 다시 갈 때 길을 잃지 않기 위해서다. 책 속의 길을 오갈 때도 마찬가지라 볼 수 있으니 그럴듯한 표현이다.

표지 재질이 딱딱하고 두꺼운 양장본 또는 하드커버 책 가운데, 페이지 수가 많은 책에는 책갈피 구실을 하는 끈이 달려 있다. 부피가 큰 두꺼운 책에는 끈이 두 개일 때도 있다. 이 끈을 그냥 책갈피라 부르기도 하지만 갈피끈, 가름끈, 책끈, 리본, 리본마커, 책댕기, 보람줄 등 명칭이 여러 가지다. 우리말 '보람하다'는 다른 물건과 구별하거나 잊지 않기 위해 표를 해 둔다는 뜻이며 '보람'은 그런 표식이다.

보람줄이 책에 부착되기 시작한 때는 기원후 1세기로 거슬러 올라간다. 현존하는 가장 오래된 예는 이집트 사카라의 예레미야 수도원 폐허에서 발견된 6세기 콥트어 사본寫本이다. 책의 장정은 고급 피지皮紙를 덧대어 장식을 한 가죽 재질이며, 가죽 끈으로 사본 표지와 결합돼 있다. 오늘날 이 책은 아일랜드 더블린의 체스터 비티 도서관에 소장돼 있다.

일이나 사물의 갈래를 잘 판별하지 못할 때 '갈피를 못 잡는다'라고 한다. 책 읽을 때도 갈피를 못 잡을 때가 드물지 않다. 그럴 땐 어떻게 해야 할까? 주자가 조언한다. "평안한 마음으로 뜻을 음미하고 자신의 경우에 맞추어 일상에 어떻게 적용할지 검토해 본다." 궁극적인 책갈피이자 보람줄은 책 읽는 사람의 일상이자 삶이라는 뜻이다. 지행합일知行合一과 같은 맥락에서 서행합일書行合一이야말로 독서의 가장 큰 보람이다.

책값

고대와 중세 유럽에서 문자를 기록하는 데 사용한 양피지는 내구성이 뛰어났지만 값이 매우 비쌌다. 성서 한 권을 만들려면 양 200마리 이상의 가죽이 필요했다. 11세기 중반 한 수도사는 미사 전례서 한 권을 포도밭이 잘 가꿔진 산 하나와 바꾸었다. 15세기 독일에서는 양 200마리에 곡물 수십 가마를 더하여 설교집 한 권과 바꾸었다.

"학문에 뜻이 있지만 서책이 없어 독서를 하지 못하는 사람도 많습니다. 궁핍한 이는 책값이 없어 책을 사지 못하고, 값을 마련할 수 있다 해도 『대학』이나 『중용』 같은 책은 상면포 서너 필은 주어야 합니다." 『중종실록』에 실린 어득강(1470~1550)의 말이다. 상면포 서너 필은 쌀 21~28말 가격에 해당했다. 논 한 마지기에서 나오는 쌀이 열 말 정도였으니 대단히 비싼 가격이다.

값이 싼 근대적 대중 출판물의 효시는 1909년 육당 최남선의 신문관新文館에서 펴낸 '십전총서'十錢叢書였다. "가장 적은 돈과 힘으로 가장 요긴한 지식과 고상한 취미와 강건한 교훈을 얻으려 하는 소년 제자諸子의 욕망을 만족케 하려 한다"라는 발간사에서, 권당 가격 10전의 취지를 알 수 있다. '십전총서'는 두 권으로 끝났지만 1913년부터 신문관은 더욱 저렴한 '육전소설'六錢小說 시리즈를 펴냈다.

"벽으로 천장 닿게 쌓은 것은 책뿐이요, 그중에도 삼분지 이 이상이 자연과학서류다. (……) 월급 사십 원을 받아서 그중 십 원은 그렇게 쓰고, 이십 원은 책값으로 쓰고 나머지 십 원을 가지고 방세 사 원과 한 달 동안 제 용돈으로 쓴다." 시대 배경이 1930년대인 채만식 소설 『탁류』에 나오는 의사 지망생 남승재의 한 달 살림이다. 한용운 시집 『님의 침묵』(1926) 정가는 1원 50전, 한설야의 장편소설 『탑』(1942)은 2원 50전이었다. 소설 속 남승재는 매달 열 권 안팎의 책을 샀을 것이다.

"낡은 외투를 그냥 입고 새 책을 사라." 19세기 미국의 목사이자 교육가 오스틴 펠프스의 말이다. 외툿값과 책값을 비교한 셈이지만 이제는 영화 관람료와 비교해야 할 것 같다. 요즘 영화 관람료는 1만 2000원에서 1만 8000원 정도라 하니 시집 한 권 값 9000원을 훌쩍 뛰어넘었고 소설책값보다 비쌀 때도 있는 것이다. 많은 사람들이 책값이 비싸졌다 말한다. 정말일까?

우리나라 도서 평균 정가는 2010년 1만 2820원, 2014년 1만 5631원, 2018년 1만 6347원으로 인상되어 왔다. 하지만 2018년 기준 출판물 물가지수는 103.41로 전체 소비자 물가지수인 104.45보다 낮았다. 책값이 인상된 것은 맞지만 전체 소비자 물가지수보다 낮은 수준에서 억제됐다는 뜻이다. 그럼에도 적지 않은 이들이 책값이 많이 올랐다고 체감하는 것 같다. 왜일까? 온라인에서 무료로 누릴 수 있는 콘텐츠가 많아졌기 때문일까? 혹시라도 '책은 싸야 한다'는 일종의 통념이 있는 건 아닐까?

책궤

북송의 왕안석은 학문을 권하는 글에서 "여유 있거든 서재를 짓고, 여유 없으면 책궤冊櫃를 마련하라" 권고했다. 조선의 재상 채제공은 「책궤명」冊櫃銘에서 책궤의 덕을 칭송했다. "책 안에 도가 실렸고 너는 그 책 싣고 있으니, 지각 있는 생물은 아니로되 성인聖人이라 하겠구나." 당나라 백거이는 악부시에서 "책궤 지고 세상을 떠돌았고, 책을 품어 눈 속에 읽었노라" 읊었다.

『후한서』에 따르면 이고李固(93~147)는 "늘 걸어서 스승을 찾아다녔다". 이 부분에 "부급負笈하여 스승을 찾아 10년 동안 오경五經을 공부했다"는 주석이 달렸다. 급笈은 휴대용 책궤를 가리키고, 부負는 짊어진다는 뜻이다. 이로부터 부급은 먼 길 마다 않고 공부하러 간다는 뜻이 됐고, 유학 떠나는 것을 부급종사負笈從師라 했다. 현대 중국의 쑨원孫文도 『중국혁명사』(1923)에서 말했다. "청나라가 쇠퇴하여 환란이 극에 달하자 근심 발분한 사대부들이 부급하여 유럽, 미국, 일본으로 향하였다."

전통 서책은 세워 꽂아 두는 게 아니라 뉘어서 쌓아 두었다. 많은 책을 쌓아 놓으면 아래쪽 책을 찾아 꺼내기 불편하다. 하여 책장 안에 층널 여러 개를 두어 찾아 꺼내기 편하도록 했다. 책 보관용 책장을 별도로 갖추는 집은 드문 편이었고 대부분 반닫이를 책궤로 썼다. 책장이든 책궤든 문을 열고 닫아야 한다. 그만큼 책이 귀했기 때문이기도 할 것이다. 예전 TV 수상기가 제법 귀한 물건이었을 때, 문을 밀어 여닫게 되어 있는 별도의 TV 수납장이 있었다.

시인 이시영이 시 「툇마루」에서 회고한다. "아버지 방이 있던 사랑채에 툇마루가 있었던가? 수저를 놓자마자 부리나케 안마당을 가로질러 가슴 콩닥이며 열던 아버지의 책궤. 그 두툼한 자전字典 속에 포개진 시퍼런 백 환짜리를 훔쳐 매점에서 모찌떡 많이 사 먹었다." 국문학자 이희승은 6·25전쟁 때 장서를 궤짝에 넣어 피난했다. 전쟁이 끝나고 집으로 돌아온 그는 그 궤짝을 그대로 쌓아 서재를 꾸몄다.

움베르토 에코는 인쇄공이었던 할아버지가 남긴 책 궤짝을 통해 책과 처음 만났다. "난방을 위한 석탄이나 포도주 한 병을 가지러 지하실에 내려갈 때마다 아직 제본되지 않은 책들, 여덟 살배기 꼬마에게는 굉장한 분량이었던 그 모든 책들에 둘러싸이게 되었답니다. 그야말로 별의별 책이 다 있었고, 그것들은 나의 지성을 일깨워 주었죠."

가방에 책을 담아 메고 다니는 이는 얼마나 될까? 16세기 조선의 권호문이 「한거십팔곡」閑居十八曲에서 말한다. "부급동남負笈東南해도 이루지 못할까 하는 뜻, 세월이 물 흐르듯 하니 못 이룰까 하여라." 책궤 지고 부지런히 배우러 다녀도 학문과 입신의 길은 멀고 세월은 빠르게만 간다. 짊어지진 않더라도 한 권쯤 갖고 다닐 순 없을까?

책벌레

지나치게 책을 읽거나 공부하는 데만 열중하는 사람을 놀림조로 책벌레라 이른다. 전통 동아시아에서는 서광書狂, 서치書癡, 서음書淫, 서전書癲 등으로 일컬었다. 서양에서는 서적광, 애서광 등으로 풀이되는 비블리오마니아biblomania라는 말이 쓰였다. 이 말은 영국 의사 존 페리어(1761~1815)가 처음 만들었고, 1809년 토머스 딥딘이 펴낸 『비블리오마니아 또는 서적광』이라는 책을 통해 널리 퍼졌다.

책벌레라고 하면 책 읽는 데 탐닉하는 사람이라는 이미지가 강하지만, 책 읽기보다 책 그 자체를 끔찍하리만치 애호하는 사람도 책벌레가 아닐까 한다. 예컨대 제바스티안 브란트(1457~1521)가 『바보배』(1494)에서 조롱한 이런 사람 말이다. "나는 읽지도 못하고 무슨 뜻인지도 모르는 책들을 여기저기 산더미처럼 쌓아 두었다네. 책은 항상 나의 믿음직한 핑계요, 책 속에 파묻히면 근심 걱정은 끝일세. 가갸거겨도 모르는 처지지만 딴엔 무척 책을 숭상한다네. 파리가 얼씬대면 얼른 쫓아내지."

오늘날 널리 쓰이는 말 '북웜'bookworm은 실제로 책이나 종이에 서식하는 작은 벌레를 뜻하기도 한다. 대표적으로 먼지다듬이 벌레가 있다. 먼지다듬이는 따뜻하고 습한 환경을 좋아하는 벌레로 사람에게 특별한 해를 끼치진 않는다. 다만 알레르기나 아토피 환자를 괴롭히는 수는 있다. 책벌레보다는 곰팡이가 책을 훼손하는 주범이며, 책벌레는 곰팡이를 먹고 산다.

조선시대에는 사고史庫의 전적을 정기적으로 바람에 쏘이고 햇볕에 말렸다. 이를 포쇄曝曬라 한다. 규장각에도 포쇄를 위한 공간 서향각書香閣을 두었다. 숙종 때 문신 신정하(1680~1715)는 1709년 포쇄관으로 태백산 사고를 찾은 경험을 시로 남겼다. "두 번 절하고 자물쇠 열어 포쇄를 하니, 상자가 서른여섯 개라. 해가 중천에 이르러 마침 부는 바람에 책장을 펼치니, 날아 지나가는 새가 책에 그림자를 떨구는구나."

오늘날 책 만드는 데 쓰는 용지는 미세한 돌가루 성분이 들어 있는 데다가 특수 처리된 경우도 많아서, 습기가 많이 찬 경우가 아니라면 꽤 오래된 책에서도 책벌레를 찾기 힘들다. 도서관에서는 책에 곰팡이가 생기면 밖으로 가져가 부드러운 솔 같은 것으로 곰팡이를 털어 내고, 통풍 잘되는 그늘진 곳에서 말린 후 소독한다.

곤충 책벌레는 사라져 가고 사람 책벌레만 남은 셈이라 할까. 그런데 사람 책벌레도 점점 더 빠르게 희귀종이 되어 가는 듯하다. 1999년 5월 21일 자 『동아일보』에 실린 공익광고가 이미 책벌레 멸종을 경고했다. "우리나라에는 책벌레가 없습니다. 우리나라 성인남녀 월평균 독서량 0.8권. 바쁘다는 핑계로, 귀찮다는 이유로 우리나라는 어느새 한 달에 책 한 권도 읽지 않는 나라가 되었습니다. 책은 시간 날 때 읽는 것이 아니라 시간을 내서 읽는 것! 다시 책벌레로 돌아갑시다!"

책상

나에게는 각별한 책상 두 개가 있다. 하나는 고등학교에 입학할 때 부모님이 사 주신 책상, 다른 하나는 번역가 몇 분과 공동 작업실을 쓰기 시작하면서 새로 들여 놓았던 책상. 앞의 것은 거실에 배치해 일종의 가족 공용 PC를 놓아두고 쓴다. 뒤의 것은 서재에 놓아두고 쓴다. 지금 이 글을 바로 그 책상 위 노트북을 가지고 쓰는 중이다. 아마도 내가 종생할 때까지 같이 갈 책상들이다.

"밤은 고요하고 서재는 차가운데 창밖엔 눈이 소복. 서안 비추는 등잔 하나, 서안엔 옛 사람의 책 하나. 옛 사람은 가고 없어 나를 일깨우는 건 옛 책이어라." 홍우원(1605~1687)의 시 「야좌독서」夜坐讀書의 구절이다. 조선 선비의 책상, 즉 서안書案은 나뭇결 좋은 목재를 취하여 화려한 칠이나 장식을 삼가고, 책 한두 권 펼쳐 놓을 만한 크기로 소박하게 만들었다. 글에만 집중할 수 있어야 한다는 뜻이다.

조선의 특별한 책상으로 독책상讀冊牀이 있었다. 왕, 왕비, 대비 등에게 존호를 올리는 의례에서, 송덕문이 새겨진 옥으로 만든 책을 독책상에 올려놓고 낭송했다. 독책상을 담당하는 임시직으로 독책상 차비差備를 두기까지 했으니, 이토록 귀하게 다룬 책상도 드물 것이다. 1856년 상유현(1844~1923)이 봉은사에서 추사 김정희를 만난 일을 적은 「추사방견기」秋史訪見記에 선비의 서안 풍경이 묘사돼 있다.

"서안 위에 뚜껑 덮인 벼루 하나, 푸른 유리 필세筆洗(붓 빠는 그릇)가 있다. 발 높은 작은 향로에서 연기가 오른다. 필통 하나는 자줏빛으로 크고 다른 하나는 희고 작다. 그 사이에 백옥 인주합과 청옥 서진書鎭이 있고, 먹을 갈아 연지에 그득한 큰 벼루 하나가 더 있다."

파리 보주광장 근처 빅토르 위고 기념관에는 위고가 사용한 책상 여럿이 전시돼 있다. 영국령 건지섬에서 망명 생활을 할 때 마련한 책상에는 네 귀퉁이에 각각 조르주 상드, 알렉상드르 뒤마, 알퐁스 드 라마르틴 그리고 위고 자신의 사인이 새겨져 있다. 세상을 떠날 때 마지막까지 함께한 책상, 애인 쥘리에트에게 준 책상도 있다. 책상은 위고의 분신이었다.

가장 오랜 시간을 보내는 책상은 작가에게 어떤 의미일까? 『츠바이크의 발자크 평전』에서 오노레 드 발자크의 책상을 말하는 대목이다. "그는 그것을 자신의 소유물 중 가장 비싼 것보다 더 사랑하였다. 책상은 그의 가장 깊은 즐거움과 가장 힘든 고통의 유일한 친구였으며, 그것만이 그의 참된 삶의 증인이었다."

작가 박경리에게 책상은 삶의 버팀목이었다. "달빛이 스며드는 차가운 밤에는 이 세상 끝의 끝으로 온 것같이 무섭기도 했지만 책상 하나, 원고지, 펜 하나가 나를 지탱해 주었고 사마천을 생각하며 살았다." 원고지와 펜은 컴퓨터로 바뀌었어도 책상만은 의구하다. 책과 사람을 잇는 가장 오래된 인터페이스, 책상이다.

책장

"그 방의 임자가 여자임을 곧 알았으리라. 쌍창 가까이 자그마한 책상이 놓이고 그 위에 여자고보 교과서가 책꽂이에 나란히 꽂힌 것이며, 꽃을 물린 문진이며, 저편 벽 밑에 조안화(나팔꽃)를 수놓다가 그대로 둔 자수틀이 비스듬히 기댄 것이며. (……) 오랜 감방살이에 그리던 이성의 향기가 물씬하고 그의 코를 음습하였다."

현진건이 1933년 말부터 135회에 걸쳐 『동아일보』에 연재한 소설 『적도』赤道의 한 장면이다. 옥살이하고 나온 주인공 여해가 자신의 옛 연인이지만 가정을 이룬 영애의 집을 찾아간 뒤, 영애의 시누이 은주의 방으로 안내된 직후다. 1930년대 초는 '책꽂이'라는 말이 우리 땅에서 널리 쓰이기 시작할 무렵이다. 오래전부터 '책장'이라는 말이 가장 일반적이었고 '서가'도 비교적 널리 쓰였다.

"남들이 기생집에 가는 동안에, 술을 먹고 바둑을 두는 동안에, 그는 새로 사 온 책을 읽기로 유일한 벗을 삼았다. 그래서 그는 붕배朋輩 간에도 독서가라는 칭찬을 듣고, 학생들이 그를 존경하는 또 한 이유도 그의 책장에 자기네가 알지 못하는 영문, 독문의 금자 박힌 것이 있음이었다."

최초의 근대적 장편소설 이광수의 『무정』(1917)에 나오는 경성학교 영어교사 이형식의 책장, 곧 우리 근대 초기의 책장이다. 서양의 지식을 한시바삐 수용하여 근대로 발돋움해야 한다는 작가의 뜻이 소설 속 책장에 깃들었다. 여해가 은주의 책꽂이를 보며, 학생들이 형식의 책장을 살피며 그러했듯이 책장을 통해 그 주인을 짐작할 수 있다. 책장을 보면 그 사람을 알 수 있다고도 했다.

책이 많다는 현실과 책을 많이 사들이겠다는 욕구는 책을 보관할 수 있는 공간을 확보하려는 노력을 요구한다. 내 경우 기성품 책장으로는 책 보관의 공간 효율성을 기하기 어렵기에 동네 목공소에서 책장을 주문·제작했다. 일반적인 책 세로 길이에 책장 칸 높이를 맞추고 책장 깊이도 그렇게 했다. 8단은 무리인 듯하여 7단으로 했고 서재 벽면 전체에 책장이 배치되도록 했다. 다행히 기성품 책장을 사는 것보다 비용이 덜 들었다.

1960년대는 책장 풍경으로 자기를 돋보이려는 '과시적 교양주의' 시대였다. 당시 각종 전집이 인기를 모은 배경으로, 도시 중산층 가정 거실이나 고위직 사무실의 장식용 수요를 들기도 한다. "단행본 출판은 부진한 채 장식 위주의 전집류만 쏟아져 나와 월부 판매에 의존하는 실정이며, 출판물은 가구의 일부로 타락했다"는 1969년 12월 11일 자 『동아일보』의 진단이 제법 설득력 있다.

고화질 대형 TV가 거실의 왕좌를 차지한 오늘날과 '장식용 전집과 책장'의 시대 사이 격세지감은 크기만 하다. 문자와 영상, 아날로그와 디지털의 시대적 대비는 거실 풍경에서도 분명하다. 그런데 어떤 TV가 있는지 보면 그 사람을 알 수 있을까? 차라리 과시적 교양주의가 그리워지기도 한다.

초판본

우리 문학사에서 유명한 시집의 초판 복각본이 제법 인기를 모은 적이 있다. 윤동주의 『하늘과 바람과 별과 시』, 백석의 『사슴』, 정지용의 『정지용 시집』, 김소월의 『진달래꽃』, 한용운의 『님의 침묵』 등이다. 종이 질감이나 인쇄와 제책 상태가 원본을 재현한 수준은 아니지만 흉내 수준에서 원본의 분위기를 적당히 누릴 수 있다.

외국에서는 저명 작가의 초판본 거래가 꾸준하다. F. 스콧 피츠제럴드의 『위대한 개츠비』(1925) 초판본은 우리 돈 약 250만 원부터 1억 2000만 원 사이 다양한 가격대로 거래된다. 그런데 어떤 초판본은 왜 1억 원이 넘을까? 서점 측에 따르면 해당 책은 염소가죽 재질로 특별히 만든 상자에 보관돼 있으며 커버 상태가 매우 양호하다. 약간 찢어진 곳은 말끔하게 수리해 놓았고 책등 부분 커버는 색까지 정교하게 복원했다고 한다.

『위대한 개츠비』 초판 커버 디자인은 스페인 출신으로 파리에서 그림을 공부한 뒤 미국에서 활동한 프랜시스 쿠갓의 작품으로 '천상의 눈'Celestial Eyes이라는 제목이 붙어 있다. 피츠제럴드는 이를 무척 마음에 들어 했다. 저자가 맘에 들어 했던 것을 예술품 복원하듯 수리·복원하고 특별하게 보관해 왔다는 점에서, 그 각별한 의미를 액수로 인정받은 것이다.

내가 갖고 있는 책 가운데 가장 오래된 초판본은 이관용 (1894~1933)의 취리히대학교 박사학위논문 『의식의 근본사실로서의 의욕』(1921) 단행본이다. 이 논문으로 이관용은 한국인 최초의 철학박사가 되었다. 이관용은 문학평론가·언론인 이원조의 장인이며 이원조는 시인 이육사(본명 이원록)의 동생이다. 이관용은 정미칠적丁未七賊의 한 사람 이재곤의 아들이지만 임시정부 파리위원부와 신간회 활동 등으로 건국훈장 애국장이 추서되었다.

네덜란드 고서점에서 입수한 이관용의 독일어 저서를 읽지는 못하고 만져 볼 때마다, 그의 시대와 주변 인물들을 떠올리곤 한다. 책은 '기술적 복제'의 생산물이기에 발터 벤야민이 말하는 아우라를 발한다고 보기 어렵지만, 오래된 초판본에서는 그 비슷한 것이 느껴진다. 특히 희귀 초판본은 내용이 아니라 실물 그 자체가 콘텐츠다.

서울 구기동 삼성출판박물관, 장충동 한국현대문학관, 서소문에서 지금은 이전하여 일반에 공개되지는 않는 아단문고. 민간 차원에서 주요 작품의 초판본을 비롯하여 우리 문학사의 실물 콘텐츠를 보전해 온 드문 곳들이다.

초판본은 특히 문학작품의 경우 작품과 작가 연구에서 중요하다. 초판본 이후 나온 판본과 다른 점이 있는 경우가 많기 때문이다. 대표적으로 최인훈의 『광장』은 1960년 잡지 『새벽』 11월호에 중편으로 발표된 이후 지금까지 10여 차례 작가에 의해 개정·개작되었다. 1961년 정향사에서 단행본으로 낼 때 작가는 200여 매를 더하여 장편으로 개작했다. 또 2010년에는 전체 194쪽 가운데 14쪽 분량의 내용 네 곳을 삭제한 뒤 대체할 부분을 새로 썼다.

총서

총서叢書는 비교적 일정한 형식과 체재로 계속해서 출판되는 시리즈 도서다. 우리나라의 대표적인 총서는 1983년 김방한이 쓴 『한국어의 계통』으로 출발한 '대우학술총서'다. 1999년까지 424권이 민음사에서 나왔고 이후 아르케, 아카넷 출판사가 차례로 출간을 맡아 현재 618권까지 나왔다. 상업성은 없지만 학술적 가치가 높은 책이 많다. 르네 지라르의 『폭력과 성스러움』, 소쉬르의 『일반언어학 강의』 등 해외 학술 명저도 눈에 띈다.

문학과지성사가 1981년부터 펴낸 '현대의 지성' 시리즈는 피터 버거의 『이단의 시대』부터 2020년 1월 기준으로 안드레아스 뵌과 안드레아스 자이들러의 『매체의 역사 읽기』까지 173권이 나왔다. 출간 발걸음이 더디지만 알차다. 정문길의 『소외론 연구』, 박이문의 『예술철학』, 한상진의 『민중의 사회과학적 인식』 등 우리나라 학자들의 논저 외에 하위징아의 『중세의 가을』, 로버트 단턴의 『고양이 대학살』 등 20세기 명저를 다수 소개했다.

1996년 화이트헤드의 『관념의 모험』을 시작으로 2016년 10월에 150권을 돌파한 '한길그레이트북스'는 대표적인 고전·명저 총서다. 21세기에 들어와 더욱 주목받는 사상가 한나 아렌트의 『인간의 조건』, 『예루살렘의 아이히만』, 『전체주의의 기원』 등도 이 시리즈로 우리 독자들과 만났다. 2020년 6월 기준으로 이 총서는 168권까지 나왔다.

이채로운 총서로는 제2차 세계대전 당시 나치 독일 점령 아래 파리에서 비밀리에 출간된 '심야총서'Les Édition de Minuit가 있다. 1942년부터 1944년까지 40권이 나온 이 총서는 파시즘이 득세하는 현실에서 인간 정신의 순수성을 지킨다는 취지로 기획되었다. 일종의 '레지스탕스 총서'였던 것이다. 제1권 베르코르의 『바다의 침묵』은 나치 독일이 펼친 회유 정책의 기만성과 전쟁의 비인간성을 고발하면서 레지스탕스 문학의 정수로 평가받았다.

프랑스 갈리마르 출판사의 '플레이아드 총서'Bibliothèque de la Pléiade는 소르본대학교의 문화·학술 공헌에 필적할 만하다는 평가를 받는다. 1931년 9월 시인 보들레르의 작품집이 첫 권으로 나온 이후 라신, 볼테르, 에드거 앨런 포, 스탕달 등의 작품이 연이어 나왔다. 800권 가까운 책 가운데 최고 베스트셀러는 40만 부가까이 팔린 생텍쥐페리 작품집이다.

출발 당시의 기획 취지를 지키면서 각 책의 질을 꾸준히 유지하고 오랜 세월 이어가야 한다는 점에서, 총서는 성공시키기가 대단히 어려운 출판 기획이다. 끝까지 페이스를 유지하며 달려야 하는 마라톤에 견줄 수 있다. 그래서인지 2000년대 이후로는 새로 기획되는 중장대한 총서가 드물며, 시리즈를 기획하더라도 장기적 전망보다는 단기적 시의성을 중시하는 경향이 있다.

총서는 해당 출판사뿐 아니라 한 사회의 출판 수준을 가늠케 한다. 나아가 한 국가의 문화 역량을 알아보고자 할 때 이렇게 물을 수도 있다. 20년 이상 나오면서 권수가 세 자릿수를 넘긴 우수한 총서가 몇 가지나 있는가?

추천사

정가 표시와 바코드가 들어가는 책의 겉표지 뒷면을 출판계에서
는 '표4'라 한다. 겉표지에서 제목이 들어가는 맨 앞면은 '표1', 앞
면의 안쪽은 '표2', 겉표지 뒷면 안쪽은 '표3', 이렇게 표지의 면수
를 순서대로 일컫는다. 추천사는 대부분 표4에 싣기 때문에 추천
사를 '표4'라고 할 때도 있다. "표4를 써 주십사"라고 했다가 추천
사 부탁받는 사람이 못 알아듣는 경우도 없지 않다. 추천자 섭외
최우선 순위는 저자와 친분 있는 저명한 전문가다.

　'저명한 전문가'도 아닌 주제에 나는 추천사를 몇 번 썼다. 지
금 이 책을 출간한 유유 출판사에서 나온 장샤오위안의 『고양이
의 서재』에도 내 추천사가 실려 있다. 출판사 측에서 사례비를 주
겠다고 했지만 정중히 거절하고 책 두 권을 선물받았다. 김영하
산문집 『랄랄라 하우스』에도 짧은 추천사(?) 「말이 많다」를 보
냈다. 김영하 작가는 내 추천사를 썩 맘에 들어 했다.

　별도로 추천사를 받지 않고 저명한 인물이 작품이나 작가를
이미 평한 말을 추천사로 활용하기도 한다. 고전적인 명작의 경
우를 예로 들 수 있다. "이것 말고는 아무 작품을 쓰지 않았다 해
도 톨스토이를 위대한 작가로 인정할 수밖에 없을 정도로 예술
성이 높다." 톨스토이의 『부활』에 관해 아나키즘 사상가 크로폿
킨이 한 말이다. 작가 슈테판 츠바이크는 시인 릴케를 상찬했다.
"독일에서 시인이라고 말할 때 우리는 릴케를 떠올린다."

　질문형으로 추천의 강도를 높이기도 한다. 작가 밀란 쿤데

라는 가브리엘 마르케스의 소설 『백년의 고독』을 이렇게 말했다. "책꽂이에 『백년의 고독』을 꽂아 놓고 어떻게 소설의 죽음을 말할 수 있단 말인가?" 우리나라 작가 김연수는 살만 루슈디의 소설 『한밤의 아이들』을 이렇게 추천했다. "이 놀랍고 터무니없고 귀청이 터질 만큼 수다스러운 이야기꾼에게 어떻게 매료되지 않을 수 있을까?"

책을 읽지 않고서 쉽게 쓸 수 있는 추천사도 있다. 정치인이 선거를 염두에 두고 내는 책에서 추천사는 곧 축사이자 격려사다. 저자만 한껏 추켜세우면 되므로 쓰기가 쉽다. 매들린 올브라이트, 조지 슐츠, 새뮤얼 헌팅턴, 조지프 나이, 리처드 홀브룩, 즈비그뉴 브레진스키, 헨리 키신저. 이들은 서로의 책을 추천해 준 관계로도 얽혀 있다. 이러한 추천사 네트워크는 미국의 정·관계와 학계, 언론계 인맥 지도이기도 하다.

책의 진가를 알아보는 추천자를 만나기는 쉽지 않다. 사마천은 『사기』를 편찬한 뒤 몰이해와 오해를 걱정한 나머지, 책을 "명산에 감춰 두고 부본副本을 수도에 두어 후대의 성인, 군자들이 열람하길 기다린다"라고 했다. 마키아벨리는 『군주론』을 완성하고 피렌체의 실권자 로렌초 데 메디치가 자기를 등용하길 바라며 헌정사를 썼으니, 스스로 책과 자기 자신을 추천한 셈이었다. 요란한 빈 수레 추천사 열 마디보다 진실한 자기 추천 한 마디가 더 나을 때도 있다.

출판기념회

"저작품에 대한 축하는 조선에서 이번이 처음이다. 전에도 불교통사(이능화,『조선불교통사』) 등 여러 축하할 만한 저작이 있었으나 당시엔 여러 사정이 있어 못 했다. 이번에 축하하게 된 것은 시대가 그만큼 변천된 것이라 하겠다."

1923년 1월 9일 서울 서대문 한 식당에서 열린 안확(1886~1946)의『조선문명사』축하회 기사 일부다. 문단과 각계 유지들이 발기인이 되어 안확을 초청하고 환담한 20여 명 규모 축하회였다. 남아 있는 기록으론 최초의 출판기념회다. 요즘엔 출판기념회를 저자나 출판사가 주최하지만 당시엔 일종의 위원회가 구성되어 저자를 초빙하고, 비용도 미리 정하여 공지한 소정의 금액을 참석자들이 내는 것으로 충당했다.

모든 출판기념회가 화기애애했던 건 아니다. 홍효민 소설『인조반정』(1936) 출판기념회는 해방 후 '효민의 밤'이라는 이름으로 소공동 플라워 다방에서 열렸다. 시인 정지용이 술 취해 늦게 와서 시비를 걸었다. "'효민의 밤'은 또 뭐고『인조반정』은 다 뭐냐." 평론가 유동준이 그를 밖으로 끌어냈다. 우익 조선청년문학가협회 문인들이 행사를 주관했고 정지용은 좌익 조선문학가동맹에 속했다는 점이 시비의 단서다.

1970년 5월 29일 무교동 경양식 집 호수그릴에서는 이산 김광섭의 시집『성북동 비둘기』출판기념회가 열렸다. 축사에 대한 작가의 답사가 큰 울림으로 남는다.

"1965년 4월 고혈압으로 쓰러진 후 나는 어떻게 하면 살아 있는 사람과 대화를 나눌 수 있을까, 어떻게 하면 죽음 속에서 확인할까 해서 한 편 한 편 썼습니다. 짧은 인생을 영혼에 결부시키는 본질적인 표현이 바로 시가 아닌가 생각합니다. 아무런 기교도 미학도 없고 다만 내 나름의 진선眞善을 표현하려고 했습니다. 나는 사람들과 어떻게 하면 잘 어울려 살까 하여 시를 씁니다."

작가 신봉승은 한양대학교 영화과 시나리오 작법 강의 내용을 1966년 『시나리오의 기법』으로 펴냈다. "워낙 책 내기 어려웠던 시절이라 친구들 강권에 밀려 무교동 호수그릴에서 출판기념회를 하게 되었다." 영화평론가 이영일이 사회를 보고 작가 김동리, 배우 김승호가 축사를 했다. 1960~1970년대에 많은 문예계 행사들이 호수그릴에서 열렸다.

요즘은 '워낙 책 내기 쉬운 시절이라' 출판기념회도 흔한가 보다. 총선과 지방선거가 있는 2년 간격 짝수 해에는 출마를 염두에 둔 정치인들의 출판기념회가 봇물을 이룬다. 세를 과시하며 지지층을 결집시킬 수 있고 지역 언론에도 보도되며, 사실상 정치자금도 모을 수 있다는 점에서 출판기념회는 정치인 입장에선 일석삼조 행사다. 가까운 지인들 10~20명 정도가 모여 축사, 답사에 이어 음식 나누고 말 나누는 축하 모임이 가장 뜻깊은 출판기념회일 것 같다. 한 세기 전 안확의 저작 축하회가 그리운 까닭이다.

출판사 이름

한 해 1만 종 가까운 책을 펴내는 세계적인 출판 그룹 하퍼콜린스
의 시작은 1817년 제임스 하퍼, 존 하퍼 형제가 세운 '제이앤드제
이하퍼'다. 1837년 '하퍼앤드브라더스'로 이름을 바꿨고 1962년
로·피터슨앤드컴퍼니와 합병하여 '하퍼앤드로'가 되었다. 이후
미디어 그룹 뉴스코퍼레이션이 이를 인수하여 1990년대 윌리엄
콜린스 선스와 합병시킴으로써 '하퍼콜린스'가 탄생했다. 미국
의 하퍼 가문과 영국의 콜린스 가문이 그 이름에 남았다.

스콧 피츠제럴드, 헤밍웨이, 커트 보니것 등 미국 주요 작가
들의 작품을 많이 펴낸 찰스 스크라이브너스 선스. 1846년 창업
당시 이름은 공동 창업자 찰스 스크라이브너와 아이작 베이커의
성을 딴 '베이커앤드스크라이브너'였다. 이후 베이커의 지분을
사들인 스크라이브너가 세상을 떠난 뒤 그의 아들 세 명이 공동
경영하면서 지금처럼 '찰스 스크라이브너의 아들들'이란 이름이
되었다. 서양에는 이렇게 창업자나 발행인 성을 딴 출판사 이름
이 많다.

1945년 건국공론사建國公論社로 출발한 현암사는 1951년부터
현암사라는 이름을 썼다. 현암玄岩은 시인 박목월이 창업자 조상
원에게 지어준 아호다. 1946년 『건국공론』 제3호에 박목월의 시
「나그네」(당시 제목은 '남도 삼백리')가 발표되는 등 두 사람은
친분이 깊었다. 1913년 고서점으로 시작한 이와나미쇼텐岩波書店
은 창업자 이와나미 시게오의 성을 따랐다. 이렇게 성이나 아호

를 내건다는 것은 부끄럽지 않게 책임을 다하겠다는 결의 그 자체를 보여 준다.

1908년 최남선이 세운 신문관新文館은 새로운 문화로 사람들을 일깨운다는 계몽적 의미를 담았다. 1945년 을유년에 창립된 을유문화사는 광복을 기리면서 '출판보국'의 사명감을 나타낸 이름이다. 1966년 설립된 민음사는 '백성의 소리'民音, 곧 '세상의 낮은 목소리를 우아하고 품위 있게 담자'는 뜻으로 지었다. 2011년에 첫 책을 낸 출판사 어크로스는 다양한 분야를 '가로지르는'across 책을 내고 싶은 소망을 담았다.

문학과지성사와 창작과비평사는 같은 이름의 문예지로 출발하여 나중에 단행본 출간을 시작했으니, 문예지 이름이 그대로 출판사 이름이 된 경우다. 오래전부터 '문지', '창비'로 줄여 일컫는 경우가 많았고 창작과비평사는 2003년 이름을 창비로 바꿨다.

마음산책은 페이스북에 만우절 농담으로 '회사명을 마음등산으로 바꾼다'는 글을 올렸다가, 이를 본 한 저자에게 '그런 출판사 이름으로는 책 내고 싶지 않다'는 계약 해지 의사를 들어야 했다. 물론 만우절 장난임을 알리고 해명하여 책이 출간됐다.

푸른역사, 푸른숲, 푸른솔, 푸른사상, 푸른지식, 푸른나무, 푸른책들, 푸른길, 푸른영토, 푸른육아 등등. 출판사 이름에서 가장 인기 있는 색깔은 맑은 가을 하늘이나 깊은 바다, 솔이나 풀의 빛깔과 같이 맑고 선명한 색이다. 맑고 깊고 늘 젊으면서 오래가기를 바라는 뜻을 담았을 것이다. 이름과 실상이 들어맞는 출판사는 모든 출판인의 꿈이자 많은 독자들의 기대다.

타자기

전동타자기를 산 청년은 노트에 적어 둔 시들을 밤새 타이핑했다. 매일 밤 청년은 타자기를 갖고 놀았다. 이듬해 여름 폭우로 둑을 넘은 물이 마을로 밀려들 즈음 청년의 어머니가 집을 향해 내달렸다. 물 차오르던 집에서 어머니는 타자기를 들고 나왔다. "아들이 집에 오면 이것만 갖고 노는데 없어지면 큰일 나지." 첫 시집 『불온한 검은 피』(1995) 수록 시 대부분을 그 타자기로 쓴 시인 허연의 이야기다.

시인 안도현은 첫 시집 『서울로 가는 전봉준』(1985)을 원고지에 썼고, 두 번째 시집 『모닥불』(1989)과 세 번째 시집 『그대에게 가고 싶다』(1991)는 타자기로 쳤다. 컴퓨터의 '무진장 지웠다가 다시 쓸 수 있는 기능에 매료된' 시인은 네 번째 시집 『외롭고 높고 쓸쓸한』(1994)을 286컴퓨터로 입력했다. 프린터 출력 원고를 우편으로 보낸 것은 다섯 번째 시집 『그리운 여우』(1996)가 마지막이었다. 이메일 전송 시대가 열렸던 것이다.

기형도(1960~1989) 시인은 대학 시절 교내 문학 공모에 당선된 후 상금으로 세계문학전집과 수동타자기를 사고는 친구 성석제에게 '배부른 듯이 눈을 가늘게 뜨고' 말했다. "너도 상금 받으면 먼저 책하고 타자기부터 사."

노벨 문학상 수상 시인이자 가수인 밥 딜런은 수동타자기로 3년간 직접 자서전 원고를 썼다. 처음 타자기 앞에 앉았을 때만 해도 오래된 일을 떠올릴 자신이 없었지만, 일단 써 내려가기 시작하자 '기억의 창고'가 열리는 것 같았다고 한다. 1873년 레밍턴 사가 상업적으로 성공한 최초의 타자기를 내놓은 뒤 마크 트웨인이 『미시시피강의 생활』(1883)을 타자기로 쓴 이후, 한 세기 이상 이어진 '탁 타탁 타타탁—' 소리는 사실상 멈췄다.

"타자기는 인간이 말하는 방식 그대로 쓴다"고 한 헤밍웨이, 타자기로 "시와 산문을 두드려 만든다"고 했던 영국의 계관시인 존 메이스필드, "잊어버린 추억을 불러내어 외솔타자기로 몸과 마음을 빚는다"고 한 시인 오탁번. 소리의 리듬이 글의 흐름으로 이어지고 손끝의 느낌이 몸을 일깨우는 타자기는 단순히 글 쓰는 도구만은 아니었다. 새로운 이기利器를 누리는 대가로 기억으로만 아득히 남은 것이 어디 이뿐이겠는가.

장정일은 1982년 설 하루 전날, 지금은 없어진 한일극장 건너편에 있는 타자기 상회에서 클로버727을 8만 원 주고 샀다. 작가는 이 타자기로 시집 여러 권에 나눠 실을 많은 시를 썼고, 중편소설 『아담이 눈뜰 때』(1990)를 썼다.

"내 나이 열아홉 살, 그때 내가 가장 가지고 싶었던 것은 타자기와 뭉크 화집과 카세트 라디오에 연결하여 레코드를 들을 수 있게 하는 턴테이블이었다. 단지, 그것들만이 열아홉 살 때 내가 이 세상으로부터 얻고자 원하는, 전부의 것이었다."

팸플릿

설명이나 광고 선전 등을 위해 만든 얄팍한 분량의 작은 책자. 바로 팸플릿이다. 이러한 팸플릿과 책의 경계는 모호하다. 유네스코가 내린 책의 정의는 '겉표지를 제외하고 최소 49페이지 이상으로 구성된 비정기간행물'이기 때문이다. 근대 서양에서 팸플릿은 정치적·사회적 주장을 펼치는 수단으로 널리 이용됐다.

토머스 페인이 1776년 1월에 펴낸 팸플릿 『상식』은 간행 석 달 만에 10만 부 넘게 팔리면서 아메리카 식민지 사람들의 독립 의지에 불을 붙였다. 그는 영국 정부를 신랄하게 비판했다. "정부는 최고의 것이라도 필요악일 뿐이다. 최악은 참을 수 없는 정부다. 정부에 의해 괴롭힘 당하거나 고통을 겪는다면 차라리 정부 없는 나라가 더 낫다."

영국의 존 밀턴이 발표한 『아레오파기티카』(1644)도 팸플릿으로 분류되곤 한다. 밀턴은 출판물을 검열하려는 법을 철회하라 주장하면서 언론 자유를 역설한다. "진리가 승리하기 위해서는 정책도, 전략도, 검열제도 필요 없습니다. 그러한 것들은 오류가 진리의 힘에 맞서 싸울 때 사용하는 수단입니다. 진리에게 자유로운 공간을 제공해 주십시오."

1789년 프랑스 대혁명 시기 팸플릿으로는 에마뉘엘 시에예스의 『제3신분이란 무엇인가』가 대표적이다. 그는 성직자와 귀족 계급을 비판하고, 제3신분인 대다수 평민이야말로 진정한 국민임을 역설했다. "국민이란 무엇인가? 동일한 입법부에 의해 대표되며, 공통의 법률하에서 살아가는 구성원들의 집단이다. (……) 특권과 면제에 의해서 귀족 신분은 공통의 질서, 공통의 법률에서 벗어나 있는 것이다."

팸플릿은 프랑스 왕비 마리 앙투아네트를 사치와 향락, 방탕, 음란을 일삼는 인물로 형상화하며 프랑스 인민들의 분노의 대상으로 만들기도 했다. 『마리 앙투아네트의 생애에 대한 역사적 논문』은 범죄와 방탕으로 점철된 왕비 상을 그려 냈다. 『프랑스 왕비 마리 앙투아네트의 은밀하고 방탕하고 추잡한 삶』은 왕비의 음란한 생활을 채색 판화로 묘사하기까지 했다.

조선시대의 팸플릿은 익명으로 체제나 특정 정치 세력을 비판하고 민심을 선동하는 벽서壁書 또는 괘서掛書였다. "여왕(문정왕후)이 집정하고 간신 이기李芑 등이 권세를 부려 나라가 망하려 하니 보고만 있을 수 있는가." 명종 2년(1547), 지금의 경기도 과천 양재역 벽에서 발견된 이 벽서로 대규모 옥사가 일어났다.

사상사에 남거나 역사의 방향을 바꾸는 데 기여한 팸플릿도 있지만, 대다수는 허위와 과장으로 근거 없는 소문을 퍼뜨리는 데 그쳤다. 인터넷 시대, SNS 시대의 팸플릿은 게시글이나 댓글, 각종 뉴미디어 매체다. 예전 팸플릿과는 비교도 되지 않는 빠르고 광범위한 전파 속도와 범위가 그 악영향의 위험성을 키운다.

편지

인도 초대 총리 자와할랄 네루는 식민 통치를 하던 영국에 맞서다 여러 번 투옥되었다. 그는 1930년부터 3년간 감옥에서 외동딸 인디라에게 편지 196통을 써 보냈다. 단순한 편지가 아니라 고대 문명에서 20세기에 이르는 세계사를 담은 것이었다. 이 편지들은 『세계사 편력』으로 묶여 나와 지금도 널리 읽힌다. 어린 딸의 역사의식을 키워 주기에 충분한 내용이었다.

"보통 사람들은 언제나 영웅일 수는 없다. 그들은 날마다 빵과 버터, 자식들 뒷바라지, 또는 먹고 살아갈 걱정 등 여러 가지 문제에 사로잡혀 있기 때문이다. 그러나 일단 때가 무르익어 사람들이 커다란 목표를 세우고 거기에 확신을 갖게 되면 아무리 단순하고 평범한 사람이라도 영웅이 되며, 역사는 비로소 움직이기 시작해 커다란 전환기가 찾아온다."

데카르트의 마지막 저서 『정념론』(1649)도 편지가 낳은 책이다. 데카르트는 '30년 전쟁' 중 쫓겨나 네덜란드에 머물던 보헤미아 왕녀 엘리자베스와 1642년부터 편지를 주고받았다. "생각하는 실체인 인간의 정신이 의지에 따라 행동하기 위해 어떻게 신체의 정기精氣를 움직일 수 있습니까?" 엘리자베스가 써 보낸 이 질문을 계기로 데카르트는 심신心身 관계와 정념의 문제를 더욱 깊이 고찰했다.

퇴계 이황과 고봉 기대승은 1558년 처음 만났을 때 나이가 각각 쉰여덟 살, 서른두 살이었으며 고봉은 막 과거에 급제한 처지였다. 이들은 퇴계가 세상을 떠나는 1570년까지 13년간 편지 100여 통을 주고받았다. 첫 8년간 주고받은 사단칠정四端七情 논쟁은 조선 성리학의 독자적 경지를 열었다. 이 맑고 향기로운 사귐, 지란지교芝蘭之交의 자취를 『퇴계와 고봉, 편지를 쓰다』라는 책에서 만날 수 있다.

빈센트 반 고흐는 성인이 된 이후 세상 떠날 때까지 18년간 편지 700여 통을 썼다. 생전의 불우와 사후의 명성이 극명하게 엇갈리는 그의 편지는 울림이 크다. "훌륭하고 유용한 일을 성취하길 바라는 사람이라면 대중의 동의나 인정을 염두에 두거나 좇지 말아야 해. 오직 그와 공감하고 함께하려는, 마음이 따뜻한 극소수만을 기대해야지."

일본에서는 나쓰메 소세키의 편지가 유명하다. 이와나미쇼텐에서 발간한 『소세키 전집』에는 2000여 편의 편지가 실려 있다. 제22권부터 24권까지 서간書簡 상·중·하로 출간됐다. 작가가 쓴 편지는 해당 작가를 연구하는 데 매우 중요한 자료가 된다.

이메일이 편지를 밀어냈으니 '책이 된 편지'는 더 이상 나오기 어렵다. 그렇다면 이제는 이메일 내용이 책으로 나오는 시대가 될까? 이정록 시인이 편지 쓸 때 경험했다는 반짝이는 세상은 이메일 쓸 때도 여전할까? "그래 이 손으로 편지를 쓰고 우표를 붙이고 텅 빈 우체통을 하루에 몇 번씩 열곤 했지. (……) 내가 편지를 쓰는 순간, 세상에는 드디어 네잎 클로버가 있고 미루나무 푸른 이파리가 반짝인다."

편집자

헤르만 헤세와 떼려야 뗄 수 없는 편집자, 폴커 미헬스다. 그는 독일의 대표적인 출판사 주어캄프에서 30년 넘게 헤세 전문 편집자로 일하며 헤세 전집을 출간했다. 퇴직 후에도 헤세 선집을 엮고 작품을 연구했으며 헤세의 고향 칼브에 박물관을 세우는 일도 이끌었다. 미헬스 덕분에 우리는 헤세의 다양한 면모와 만날 수 있다. 작가와 편집자가 서로의 분신 비슷한 경우라 하겠다.

하퍼 리에게는 J.B. 리핀코트 출판사의 편집자 테이 호호프(1898~1974)가 있었다. 1957년 작가 지망생 하퍼 리가 가져온 단편소설 세 편을 읽어 본 호호프는 그중 하나를 장편으로 고쳐 쓰라 권유했다. 하퍼 리가 고쳐 온 원고에 대해 호호프는 등장인물을 새롭게 제안하며 다시 고쳐 쓰라 요구했다. 전 세계적으로 4000만 부 이상 팔린 『앵무새 죽이기』(1960)는 그렇게 탄생했다.

미셸 푸코가 쓴 박사학위논문의 가치를 알아본 사람은 플롱 출판사의 편집자 필리프 아리에스(1914~1984)였다. 프랑스 최고의 출판사 갈리마르에서 거절당한 그 논문은 1961년 플롱 출판사에서 책으로 나왔다. 그 책이 바로 20세기 인문사회과학 명저로 손꼽히는 『광기의 역사』다. 아리에스는 박사학위 없이 국립도서관 사서, 열대농업 조사관, 편집자 등으로 일하면서 프랑스 역사학의 새로운 흐름을 주도한 역사학자이기도 했다.

인쇄출판 문화가 발달한 조선에 뛰어난 편집자들이 있었던 것은 당연하다. 서적 편찬, 교정, 정리 업무를 맡은 규장각 검서관檢書官들이 대표적이다. 정조 때 등용된 박제가, 이덕무, 유득공, 서이수 등 서얼 출신 검서관들이 특히 유명했다. 이들은 창덕궁에 있는 규장각 부속 건물 검서청에서 일했다. 정민 한양대 교수의 말에 따르면 같은 시대 정약용도 '진정한 지식과 정보의 기획 편집자'였으니, 18세기 조선은 편집자의 시대였다.

편집자를 문장 다듬는 사람쯤으로 잘못 아는 경우가 여전히 있지만, 출판의 모든 단계에는 편집자의 노고가 닿는다. '책을 쓴다'는 표현이 있으나 사실 저자는 책을 쓰지 못한다. 저자가 쓰는 것은 글일 뿐이고 책은 편집자가 만든다. 배우는 연기를 하고 영화는 감독이 만든다. 만일 저자와 편집자의 의견이 다르다면 편집자 의견을 따르는 편이 좋다. 내 경험상 90퍼센트 정도는 그러하다고 확신한다. 많은 저자들이 책 서문에서 편집자에게 감사하다고 말하는 것은 인사치례가 아니다.

편집자들의 꿈은 무엇일까? 일본의 대표적인 출판사 이와나미쇼텐에서 30년간 편집자로 일한 오쓰카 노부카즈가 편집자의 유토피아를 말한다. "어느 날 어느 순간 독자 한 사람이 손에 든 책 한 권으로 현실 세계에서 짧은 시간 다른 우주에서 살 수 있다고 한다면, 그리고 책을 만든 사람과 읽은 사람이 일체가 되는 것처럼 느껴진다면 그 순간이 바로 유토피아가 아닐까."

필명

북극성, 잔물, 잠수부, 몽견초, 몽중인, 물망초, 월견초, 무명초, 삼산인, 쌍S생, 파영, 영주, 은파리, 깔깔박사, 직이영감. 소파 방정환이 사용한 필명 30여 개 중 일부다. 같은 잡지에 성격이 다양한 여러 글을 연재하다 보니 필명도 여럿 필요했다. '깔깔박사' 같은 필명에서 어린이들과 눈높이를 맞추려는 마음이 드러난다.

작가 이상의 본명은 김해경이다. 염상섭은 한자를 달리하여 본명은 '尙燮', 필명은 '想涉'이다. 이원록의 필명 이육사는 대구형무소 수인 번호 264에서 따왔다는 설이 있었지만, 사촌 형인 한학자 이종형이 조언했다는 게 정설이다. 이원록이 '(그릇된) 역사를 죽이겠다'는 뜻의 '육사'戮史라는 필명에 대해 의견을 묻자, 이종형이 중국에서는 '陸' 자가 '戮'과 같은 뜻으로도 쓰인다며 '육사'陸史를 권했다는 것이다.

신응식과 신경림, 황재우와 황지우, 김영준과 유하. 시인들의 본명과 필명이다. 이열과 이문열, 황수영과 황석영, 박금이와 박경리. 소설가들의 본명과 필명이다. 평론가들을 보더라도 정명교와 정과리, 전형준과 성민엽, 염홍경과 염무웅, 임양묵과 임우기 등이 있다. 방송사를 방문할 때 주민등록증을 맡겨야 하는 경우라면, 제작진이 등록해 놓은 작가 필명과 주민등록증의 이름이 달라 확인해야 하는 일도 생긴다.

스티븐 킹과 J.K. 롤링은 각각 리처드 바크만, 로버트 갤브레이스라는 필명으로 작품을 발표한 적이 있다. 롤링은 "명성에 기대지 않고 신인 처지에서 평가받고 싶었다"고 말했다. 본명이 고성애인 시인 고정희는 '하빈'이라는 필명으로 유일한 단편소설 「학동댁」(1987)을 발표했다.

　로맹 가리는 에밀 아자르라는 필명으로 『자기 앞의 생』(1975)을 발표하여, 한 작가에게 한 번만 주는 공쿠르상을 『하늘의 뿌리』(1956)에 이어 두 번 받았다. 같은 인물이라는 건 그의 사후 1년 뒤에야 밝혀졌다. 일본 추리소설 작가 히라이 타로의 '에도가와 란포'라는 필명에는 미국 작가 '에드거 앨런 포'에 대한 존경이 담겼다.

　『미들마치』(1871)의 작가 조지 엘리엇의 본명은 메리 에번스다. 진부한 로맨스물이나 쓴다는 여성 작가에 대한 편견과 마주하기 싫어 남성 이름으로 필명을 삼은 것이었다. 일본 5000엔권 지폐 인물이기도 한 히구치 이치요의 본명은 '히구치 나쓰코', 호적상 이름은 '히구치 나쓰'이며, '이치요'는 스스로 지은 호다. 작품을 발표하면서 본명을 쓸 때도 있었으나 대체로 호를 썼다. 이치요라는 호는 중성적인 호라고 한다. 여성 작가에 대한 편견을 의식했기 때문이라는 설도 있다.

　작가들이 필명을 쓰게 된 사연은 다양하다. 본명이 너무 평범하다는 이유, 선배 작가가 필명을 지어 준 경우, 작가로 새롭게 출발한다는 의미로 등단할 때부터 필명을 쓴 경우, 문학적 지향점을 필명에 담으려는 동기 등등. 각각의 이유가 무엇이든 필명은 '나는 작가다'라는 자기선언이자 문학적 창조성에 대한 간절한 희구다.

필사

글을 베껴 쓰는 필사筆寫는 동아시아에서 가장 오래된 학생 아르바이트다. 중국 한나라의 수도에 있던 태학太學에서 형편이 어려운 태학생들은 책을 베껴 주고 돈을 벌었다. 인쇄술이 없던 시대에 문자를 아는 이들이 독점한 일감이다. 후한시대 명장 반초班超(33~102)도 관청에서 문서를 베껴 써 주고 생계를 꾸린 적이 있다.

"책 한 권을 얻으면 반드시 보고 베껴 썼다. 그렇게 읽은 책이 수만 권이며 베껴 쓴 책이 수백 권이다. 어딜 가든 종이, 벼루, 붓, 먹을 갖고 다녔다." 이덕무(1741~1793)의 아들 이광규가 부친을 회고한 말이다. 인쇄본을 살 형편이 못 되었던 이덕무는 책을 필사해야 했다. 책을 자주 빌려준 이서구에게 보낸 편지에서 이덕무가 말한다. "책 베껴 쓰는 사람을 보고 부지런함이 지나치다 비웃은 적이 있는데, 나도 그 사람처럼 하다가 손까지 부르텄으니 사람 일이란 모르는 것이오."

시인 백석은 1936년 1월에 100부 한정판 시집『사슴』을 냈다. '정가 2원'이 붙긴 했지만 한정판 100부라면 작가 스스로 기념하는 뜻이 더 크지 않았을까도 싶다. 평양 숭실중학교에 다니며 시작詩作에 몰두하던 윤동주는『사슴』을 구하여 갖고 싶었으나 길이 없었다. 결국 도서관에서 빌려 전체를 노트에 필사하여 소중히 간직하고 다녔다는 문학적 전설이 전해 내려온다.

서양의 수도원에서는 수도사 사자생寫字生들이 성서와 기도서를 비롯한 책들을 정성 들여 필사하고 장식했다. 슈폰하임 수도원 원장으로 귀중 사본寫本 수집에 열중했던 요하네스 트리테미우스(1462~1516)가 사자생을 찬미하며 말했다. "필사를 하는 수도사는 소중한 시간을 가치 있게 쓴다. 필사를 하면서 이해력이 높아진다. 믿음의 불꽃이 밝게 타오른다. 내세에 큰 보상을 받게 된다."

구텐베르크의 활판인쇄술이 널리 보급된 뒤 책을 통째로 필사하는 일은 드물어졌지만, 중요한 부분을 따로 적어 정리해 두는 초출抄出은 계속 성행했다. 지식인의 서재에는 그렇게 초출하여 만든 비망록 성격의 두꺼운 노트가 쌓여 있곤 했다. 복사기가 없던 시절 필사는 자료 수집의 필수 절차였다.

"대미관계 오십년사 글을 썼다. 도서관에 가서 『통서일기』(『통리교섭통상사무아문일기』)를 초출하다가 매우 머리가 무거움을 느껴 곧바로 돌아왔다."

역사학자이자 언론인 문일평(1888~1939)이 『대미관계 50년사』를 쓰던 무렵 1934년 9월 28일에 남긴 일기의 한 대목이다. 문일평이 수고스럽게 필사한 이 고종 시대 외교 기록을 지금은 규장각 원문검색서비스에서 편리하게 활용할 수 있다. 필사의 시대와 복사의 시대를 지나 다운로드의 시대가 되면서, 쉽게 입수할 수 있는 자료의 양은 넘쳐 난다. 하지만 그에 비례하여 이해력과 통찰도 깊어졌을까? 진정한 지식정보화 사회는 지식의 양적 입력과 질적 출력이 비례하는 사회일 것이다.

한글

"그에게 모어母語란 호흡이고, 생각이고, 문신이라 갑자기 그걸 '안 하고 싶어졌다' 해서 쉽게 지우거나 그만둘 수 있는 게 아니었다. 그는 말과 헤어지는 데 실패했다. (……) 그는 자기 삶의 대부분을 온통 말을 그리워하는 데 썼다." 김애란의 단편소설 「침묵의 미래」 가운데 일부다. 호흡이자 생각이고 문신인 우리말을 글로 쓰고 읽을 수 있게 된 지 올해로 578년이 되었다.

한글로 쓰인 가장 오래된 책이자 최초의 한글 문학작품은 『용비어천가』(1447)다. 최초의 한글 활자본은 세종대왕이 지은 찬불가 『월인천강지곡』(1449)이다. 한글로 표기된 첫 소설은 채수(1449~1515)가 1511년경에 쓴 『설공찬전』이다. 원본은 한문이었으나 한글로 번역되어 널리 읽혔다. 처음부터 한글로 쓰인 첫 소설은 17세기 초 허균의 『홍길동전』이다.

1894년 11월 고종의 칙령에서 '법률과 칙령은 모두 국문國文으로 기본을 삼되, 한문 번역을 덧붙이거나 국문과 한문을 혼용한다'고 규정함으로써 한글은 공식적으로 '국가의 문자'가 되었다. 이 칙령에 따라 한글로 쓰인 첫 공문서는 1895년 1월 고종이 발표한 개혁 강령인 '홍범 14조'다. 한글로만 쓰인 최초의 우리말 연구서이자 문법서는 이봉운의 『국문정리』(1897)다. '판권소유' 개념을 도입하여 명시한 첫 책이기 때문에 근대 출판 역사에서도 중요하다.

최초의 한글 기독교 성서는 선교사 존 로스와 존 매킨타이어, 한국인 이응찬, 백홍준, 김진기, 서상륜 등이 번역에 참여하여 1882년 3월 중국에서 간행된 『예수성교 누가복음전서』다. 외국인이 한글 문학 텍스트를 단독으로 번역하여 펴낸 첫 책은, 선교사 제임스 게일이 김만중의 『구운몽』을 번역한 *The Cloud Dream Of The Nine*(1922)이다. 최초의 외국문학 한글 번역서는 역시 게일이 17세기 영국 작가 존 버니언의 책을 번역하여 1895년에 펴낸 『천로역정』이다.

최초의 국어사전에 관해서는 문세영의 『조선어사전』(1938)과 심의린의 『보통학교 조선어사전』(1925)이 거론되지만 『조선어사전』이 최초라는 것이 정설이다. 본격적인 뜻풀이 국어사전으로는 처음인 데다가 약 10만 개 어휘를 수록했으며 배열 방식이나 주석의 내용도 세련되어 있기 때문이다. 『조선어사전』은 '한글 맞춤법 통일안'에 따라 표기한 최초의 사전이기도 하다. 우리가 오늘날 국어사전이라고 하면 떠올리는 구성과 모양새가 이 사전에 이미 갖춰져 있다.

최초의 순 한글 신문은 1896년 창간된 『독립신문』이다. 눈여겨볼 것은 훈민정음 반포의 의미가 그 창간호 논설에까지 이어졌다는 사실이다. "우리 신문이 한문은 아니 쓰고 다만 국문으로만 쓰는 것은 상하 귀천이 다 보게 함이라. (……) 조선 국문이 한문보다 나은 것은 첫째는 배우기가 쉬우니 좋은 글이요, 둘째는 이 글이 조선 글이니 조선 인민들이 모든 일을 한문 대신 국문으로 써야 상하 귀천이 모두 알아보기가 쉬울 터이라."

헌책방

헌책방, 고서점, 중고서점 등으로 불리지만 헌책방이라는 말이 가장 끌린다. '헌'은 '오래되거나 성하지 아니하고 낡은'이라는 뜻이니, 헌책방은 오래되거나 성하지 아니하고 낡은 책들이 오순도순 몸을 맞대며 기거하는 방이라 하겠다. 요즘엔 대형 온라인 서점들이 중고도서 거래를 취급하기에 오프라인의 중소 규모 헌책방들이 설 자리가 더욱 좁아졌다.

"나는 손님이 없는 한가한 시간과 긴 겨울밤을 내 특유의 장기인 목적 없는 독서로 보냈다. 그 헌책방은 교과서와 참고서만 취급하는 것이 아니라 모든 종류의 헌책을 다 사고팔았다. 학기 중에는 오히려 그런 일반 서적의 거래로 유지되는 편이었는데 그때만 해도 헌책방에서 거래되는 일반 서적은 태반이 소설류였다."

이문열의 대하소설 『변경』에서 작가의 분신이라 할 수 있는 인철은 한때 헌책방에서 일한다. 한편 이승우의 소설 『생의 이면』에서 주인공 박부길은 고등학생 때부터 자취 생활을 하면서 헌책방을 출입한다. 1948년생 이문열과 1959년생 이승우는 헌책방을 기반으로 무작정 책을 읽고 목적 없는 독서를 했다는 공통점을 보여 준다.

"이 방에서 그가 한 일은 주로 아무것도 하지 않는 것이었다. 그다음은 무작정의 책 읽기. 동네에 있는 헌책방에는 별의별 책들이 다 나와 있었다. 그는 학교 가는 걸 제외하고는 거의 외출을 하지 않았는데 유일한 외출이 헌책방 나들이였다."

시인 김용택(1948년생)은 시골 초등학교 초임 교사 시절 방학 때마다 전주로 가서 헌책을 구하기 시작했다. 20원씩 주고 『월간문학』이나 『현대문학』 같은 문예지도 잔뜩 사들였다. 큰 가방에 헌책을 가득 담아 버스를 탄 뒤 정류장에 내려, 미리 갖다 뒀던 지게에 옮겨 싣고 집까지 걸어가곤 했다. 그 시절 어깨에 걸머진 책 지게가 '시인 김용택'을 탄생시킨 셈이다.

군 복무를 마치고 복학한 뒤 염색한 군복 차림에 커다란 군화를 신은 서울대생 김윤식(1936~2018)은, 청계천 헌책방에서 프랑스 작가 앙드레 지드의 사상적 자서전이라 할 수 있는 『지상의 양식』 일본어판을 발견했다. 청년 김윤식에게 그 책은 "젊음의 순수와 욕망, 그리고 출발"의 선언과도 같았다. 문학평론가이자 서울대 명예교수를 지낸 그는 평생 이 책을 소장하며 펼쳐 보곤 했던 것으로 알려져 있다.

헌책방 단골에서 '이상한 나라의 헌책방' 주인이 된 윤성근, 사전 편찬자로 활동하며 헌책방 기록자이기도 한 최종규, 『전작주의자의 꿈』을 펴낸 조희봉. 헌책방계에도 상대적으로 젊은 고수들이 제법 있다. 전통적인 의미의 헌책방은 한 세대가 공통적으로 경험하는 집단적 경험이 더 이상 아니며 일종의 소수 문화가 된 듯하다. 이는 무목적의 무작정 책 읽기가 드물어지는 것과도 상관있는 변화가 아닐까. 지나간 시대 '작가와 지식인들을 키운 건 8할이 헌책방'이었다.

화가

화가이자 시인이며 소설가인 이제하는, 역시 시인이자 화가인 김영태와 함께 1977년부터 '문학과지성 시인선' 표지의 시인 캐리커처를 그려 왔다. "김광규 시를 굉장히 좋아하는데 그렇다고 잘 그려지는 게 아니더군. 김광규의 시는 날카로운데 사실 얼굴은 시골 아저씨 같잖아. 그래서 그리기 까다로웠지."

소설가 김동인과 김환은 도쿄에서 미술학교를 다녔다. 김환의 「신비의 막」(1919)에서 주인공 세민이 말한다. "아부지! 미술이란 그런 것이 아니야요! 미술은 우리 사람에게 밀접 관계가 있는 것이올시다. 그 종류는 조각, 세공, 건축, 그림 기타 여러 가지올시다." 미술가를 낮춰 보던 시대의 간절한 외침이다. 김동인과 김환은 문예지 『창조』의 창간 동인이었으며 화가 김관호와 김찬영도 이 잡지에 참여했다.

우리나라 최초의 여성 서양화가 나혜석은 여성의 근대적 자아 정체성을 그린 「경희」(1918)를 비롯한 단편소설들을 발표했다. 소설 속 경희가 말한다. "지금은 계집도 사람이라 해요. 사람인 이상에는 못 할 것이 없다고 해요. 사내와 같이 돈도 벌 수 있고, 사내와 같이 벼슬도 할 수 있어요. 사내가 하는 것은 무엇이든지 하는 세상이에요."

나혜석이 특선을 한 1931년 제10회 조선미술전람회에 시인 이상은 『자화상』을 출품해 입선했고, '하융'이라는 이름으로 박태원의 『소설가 구보씨의 일일』(1934) 신문 연재 삽화를 그렸다.

2003년 뇌졸중으로 글과 말을 잃은 작가 김승옥은 화필로 세상과 소통하며 2016년 '김승옥 무진기행 그림전'을 열었다.

서양에서도 문필과 화필을 모두 잡는 작가가 드물지 않았다. 영국의 윌리엄 블레이크는 미술에서나 시에서나 독특한 작품 세계를 구축했다. 동물 소설로 유명한 어니스트 시턴도 소설가이자 화가였다. 수채화 3000여 점을 남긴 헤르만 헤세에게 그림 그리기는 "견디기 힘든 어려운 지경에서 벗어날 수 있는 탈출구"였다. 생텍쥐페리는 유명한 『어린 왕자』의 삽화를 직접 그렸다.

1942년 초 뉴욕의 한 식당에서 점심을 먹던 생텍쥐페리는 흰 냅킨에 장난삼아 그림을 그렸다. 함께 식사하던 출판업자 커티스 히치콕이 뭘 그리는 것인지 물었다. 생텍쥐페리가 답했다. "별거 아닙니다. 마음에 담아 가지고 다니는 한 어린 녀석이지요." 히치콕이 말했다. "이 어린 녀석 말입니다. 이 아이에 관한 이야기를 써 보시면 어떨까요." 『어린 왕자』가 탄생한 사연이다.

언어와 이미지는 성격이 매우 다른 매체이지만 동아시아에서는 전통적으로 '시 속에 그림이 있고, 그림 속에 시가 있다'는 문예론이 발달했다. 그래서 시와 글씨와 그림에 두루 뛰어난 시서화삼절詩書畫三絶을 문예의 이상으로 여겼다. '그림을 읽는다'는 독화讀畫와 '책을 본다'는 간서看書라는 표현이 예로부터 있는 것은 우연이 아닐 것이다.

활판인쇄

1950년 8월 『대구매일신문』은 1면 머리기사 본문에 이승만 대통령을 '李 犬統領'(이 견통령)으로 내보냈다. 신문사 사장은 구속되고 책임자는 회사를 그만두었다. 1953년 7월에는 『삼남일보』와 『국민일보』가 약 열흘 간격으로 대통령을 '견통령'으로 잘못 내보냈다. 편집자가 구속되고 『삼남일보』는 정간당했다. 대통령이 제왕적 권력이 아니라 제왕 그 자체였던 시대다.

이러한 전설적 실수들의 배경은 지금은 사실상 사라진 활판인쇄다. 조판하는 데 쓰는 활자 크기가 작아 '大'(대)와 '犬'(견)을 분간하기 어려웠던 것이다. 이에 신문사들은 '犬' 자를 활자에서 아예 없애 버리거나 '大', '統', '領' 세 활자를 판 하나로 주조鑄造하거나 고무줄로 세 활자를 묶어 쓰기도 했다. 그런데 '大統領'에서 실수할까 봐 몇 번이고 거듭 확인했지만 정작 이승만의 '李' 활자에 이물질이 묻어 '季承晚'(계승만)으로 내보낼 때도 있었다.

활판인쇄를 하던 시절에는 글자와 문장부호, 기타 기호 낱낱을 납으로 주조한 다양한 꼴과 크기의 활자들을 문선공文選工이 뽑아서 상자에 담았다. 그런 다음 식자공植字工이 원고와 편집자 지시에 따라 활자를 배열하고 전체 판 크기에 맞추어 글자와 행 간격을 조정했다. 네모 한 칸에 한 글자씩 쓰는 원고지는 활판인쇄공이 작업하기 좋은 구조였지만, 원고지에 쓴 글을 보고 활자를 뽑아내는 건 쉬운 일이 아니었다.

최인호가 신문 연재소설로 이름을 날리던 시절, 신문사 측은 좀처럼 알아보기 힘든 그의 글씨를 잘 알아보도록 훈련시킨 '최인호 전담' 문선공을 따로 두었다. 우리나라에서는 1990년대부터 전산 조판이 널리 보급되면서 활판인쇄가 빠르게 사라져 갔다. 활자를 짜서 판을 만드는 조판소는 1998년 무렵 모두 문을 닫았다. 자체 인쇄소를 운영하던 서울대학교출판부가 사실상 마지막이었다.

시인 조태일(1941~1999)은 1970년대 중반부터 서울 오장동에서 납활자 조판소를 운영했다. "스리지 뽑으러 창제 인쇄소엘 가면 시인 조太一 씨가 있다. (……) 나는 창제 인쇄소 주조실에 있는, 머리털이 희끗한 말 없는 김 씨 할아버지가 좋다. 그분은 고분고분, 떨어져 나간 활자를 만든다. 불에 납이 녹는다. 타는 기름 냄새." 황지우가 시 「의혹을 향하여」에서 말한 '스리지'는 일본어에서 쇄刷를 뜻하는 단어에 지紙를 붙인 인쇄 용어로, 인쇄 교정지를 뜻한다.

활판인쇄물에는 활자 모양 그대로 '자국'이 남는다. 손으로 종이를 쓱 만지면 손끝과 손바닥에 올록볼록, 까슬까슬, 오톨도톨한 요철凹凸 느낌이 전해져 온다. 매끄럽기만 한 오늘날 책에는 없는 그 느낌이 그립다는 이들도 많다. 현재 우리나라의 활판인쇄소는 경기 파주의 출판도시활판공방이 사실상 유일하다. 상업적으로 활성화되기는 어렵더라도, 역사적으로 유구한 인쇄출판 문화를 자부하는 우리로서는 활판인쇄를 보전해 나갈 이유가 충분하다.

형제

조조曹操의 장남으로 제위에 오른 조비曹丕는 동생 조식曹植에게, 일곱 걸음을 걷는 동안 시를 짓지 못하면 용서치 않겠다고 했다. "콩을 깎으려 콩깍지를 불태우고 메주를 걸러 즙을 만든다. 콩깍지는 가마솥 아래서 타고 콩은 가마솥 안에서 우네. 같은 뿌리에서 태어났건만 지지고 볶는 것이 어찌 이리 급한가." 조식의 시에 감동한 조비는 동생을 죽이려던 마음을 거둔다. 뛰어난 문학적 재능을 일컫는 칠보지재七步之才라는 말이 이 일에서 생겼다.

조조, 조비, 조식 삼부자는 모두 문학적으로 뛰어나 삼조三曹로 불리며, 중국문학사에서 후한 말기 건안建安 문학의 주요 인물들로 평가받는다. 북송의 소식蘇軾(소동파), 소철蘇轍 형제와 아버지 소순蘇洵도 삼소三蘇로 불린다. 당송팔대가 여덟 명 가운데 세 명이 이들 삼부자다. 근현대에도 루쉰魯迅(본명 저우수런)과 저우쭤런周作人 형제가 중국에서 새로운 문풍文風을 이끌었다.

19세기 프랑스의 형제 소설가 에드몽 공쿠르와 쥘 공쿠르는 합작으로 많은 작품을 썼다. 동생보다 26년을 더 산 형 에드몽이 남긴 유언에 따라 제정된 공쿠르상은 프랑스를 대표하는 문학상이 되었다. 1885년 12월 28일 화가 반 고흐는 동생 테오에게 보낸 편지에서 이들 형제를 부러워했다. "얼마나 멋진 이들이냐! 우리가 지금보다 더 마음을 모아 하나가 된다면 그들과 같아질 수 있지 않겠느냐?"

독일의 언어학자이자 작가 야콥 그림과 빌헬름 그림 형제도

『어린이와 가정을 위한 옛날이야기』(『그림 동화』), 『독일 전설집』, 『독일어 사전』등을 함께 편찬했다. 형제는 괴팅겐대 교수 생활도 함께했고 베를린의 프로이센 아카데미에도 함께 초청되었다. 물론 형제 작가들의 관계가 이렇게 늘 협력적이었던 것은 아니다. 예컨대 소설가 하인리히 만과 토마스 만 형제는 경쟁과 긴장 관계를 유지했다.

우리나라에서는 소설가 김원일과 김원우, 비평가 황현산과 비평가·시인 황정산, 『형제 시집』(2016)을 내기도 한 시인 박용재와 박용하 등이 형제 작가들이다. 우리 근대 조각의 개척자 정관 김복진은 문예이론과 미술평론, 연극 등에서 활동했다. 김복진의 동생 팔봉 김기진은 형과 함께 연극에 참여하고 소설가·비평가로 활동했다. 형제 문예인 각각을 기리는 행사와 상으로 정관 김복진 미술전, 팔봉비평문학상이 꾸준히 시행되어 오기도 했는데, 이런 일은 국내외에서 공히 드문 사례다.

가족 사이 작가들은 서로에 관해 말을 아낀다. 김원우는 『김원일 깊이 읽기』에 실린 글 「밤낮없이 일만 하는 나의 형님」에서 딱 한 번 형에 대해 말했다. 김원우는 1990년대 한 시기 경제적으로나 심적으로 무척 어려웠다. 단골 술집에 들렀더니 주인이 말했다. "전날 밤 형님이 잔뜩 취해 혼자 와서, 동생이 덜컥 자살이라도 해 버리면 어떻게 하나 하면서 엉엉 소리 내어 울더라." 동생은 그다음 날 이 일을 떠올리며 "밥 위로 눈물을 방울방울 떨어뜨리고 말았다"고 한다.

참고문헌

「독점 인터뷰, 육당 최남선의 장손 최학주 박사」, 『월간 중앙』 201501호,
    2014.12.17

「루쉰 문학지도」, 디지털인문학: 중국인문학, 한국연구재단
    인문전략연구, 2016, chinahumanitas.net

「배우의 가슴에 감독의 피가 흐른다, <싸움의 기술>의 김응수」,
    『씨네21』 536호, 2006.1.10

「오효진의 인간탐험 「칼의 노래」 김훈」, 『월간 조선』 2002년 2월호

「털보 관장님의 과학사랑, 책사랑」, 『월간 유레카』 365/366 합본호,
    2015.3

『근대서지』 제2호, 2010

『북클럽 오리진』 2016.8.3.

『여성 한시 선집』, 강혜선 옮김, 문학동네, 2012

『조선을 사랑한 여성들: 송영달 개인 문고 설치 기념 특별전』,
    국립중앙도서관, 2016

『주자어류』 권10, 학사(學四), 독서법상(讀書法上)

강명관, 「조선후기 서적의 수입 유통과 장서가의 출현: 18, 19세기
    경화세족」, 『민족문학사연구』 제9호, 1996.6

_____, 『조선시대 책과 지식의 역사』, 천년의상상, 2014

게오르크 루카치, 『소설의 이론』, 김경식 옮김, 문예출판사, 2007

권오길, 『권오길이 찾은 발칙한 생물들』, 을유문화사, 2015

규장각한국학연구원 엮음, 서재길 책임기획, 『조선 사람의 세계여행』,
    글항아리, 2011

기형도, 『입 속의 검은 잎』, 문학과지성사, 1989

김구, 『백범일지』, 도진순 주해, 돌베개, 2007

김남천 지음, 이인성 삽화, 『1945년 8·15』, 작가들, 2007

김병익, 『한국 문단사』, 문학과지성사, 2001

김석희, 『북마니아를 위한 에필로그 60』, 한길사, 1997

김성칠, 『역사 앞에서』, 창비, 2009

김애란, 「침묵의 미래」, 『바깥은 여름』, 문학동네, 2017

김연수, 「뉴욕제과점」, 『내가 아직 아이였을 때』, 문학동네, 2016

_____, 『소설가의 일』, 문학동네, 2014

김원우, 「밤낮없이 일만 하는 나의 형님」, 권오룡 엮음, 『김원일 깊이
    읽기』, 문학과지성사, 2002

김윤식, 「민족어와 인공어: 상허의 『문장강화』와 편석촌의
    『문장론신강』」, 『계간 문학동네』 1998년 여름

김현, 『행복한 책읽기: 김현 일기 1986-1989』, 문학과지성사, 2015

김화영, 『김화영의 번역수첩』, 문학동네, 2015

김환, 「신비의 막」, 『창조』 제1호, 1919.2

나카에 초민, 『삼취인경륜문답』, 연구공간 '수유+너머'
    일본근대사상팀 옮김, 소명출판, 2005

나혜석 지음, 장영은 엮음, 『나혜석, 글 쓰는 여자의 탄생』, 민음사,
    2018

남효온, 『추강집: 시대정신을 외치다』, 정출헌 옮김, 한국고전번역원,
    2014

다산학연구원 엮음, 『국역 간양록』, 이을호 옮김, 한국학술정보, 2015

데이비드 미킥스, 『느리게 읽기』, 이영아 옮김, 위즈덤하우스, 2014

로베르토 리돌피, 『마키아벨리 평전』, 곽차섭 옮김, 아카넷, 2000

루이스 버즈비, 『노란 불빛의 서점』, 정신아 옮김, 문학동네, 2009

루트비히 비트겐슈타인, 『전쟁일기』, 박술 옮김, 인다, 2016

류근, 「그리운 우체국」, 『상처적 체질』, 문학과지성사, 2010

마르쿠스 아우렐리우스, 『명상록』, 천병희 옮김, 숲, 2005

매리언 울프, 『다시, 책으로』, 전병근 옮김, 어크로스, 2019

문일평, 『문일평 1934년』, 이한수 옮김, 살림, 2008

미셸 투르니에, 『흡혈귀의 비상』, 이은주 옮김, 현대문학, 2002

미야자키 하야오, 『책으로 가는 문』, 송태욱 옮김, 현암사, 2013

미하일 바흐친, 『말의 미학』, 김희숙·박종소 옮김, 길, 2006

박경리, 「옛날의 그 집」, 『현대문학』 2008년 4월호

박녹주, 「나의 이력서」, 『한국일보』, 1974.1.5~2.28

박지원, 『연암집』 상, 신호열·김명호 옮김, 돌베개, 2007

박해현 외 엮음, 『정거장에서의 충고: 기형도의 삶과 문학』,
     문학과지성사, 2009

백두현, 『음식디미방 주해』, 글누림, 2006

백석, 「동화 문학의 발전을 위하여」, 『조선문학』 1956년 6월호

법정, 『무소유』, 범우사, 1976

복거일, 『비명을 찾아서: 경성, 쇼우와 62년』 상·하, 문학과지성사,
     1987

벤저민 프랭클린, 『가난한 리처드의 달력』, 조민호 옮김, 휴먼하우스,
     2018

빈센트 반 고흐, 『고흐의 편지』 1, 정진국 옮김, 펭귄클래식코리아, 2011
     _____, 『세상에서 가장 아름다운 편지』, 박홍규 엮고 옮김,

아트북스, 2009

사이토 다카시, 『세상에 읽지 못할 책은 없다』, 임해성 옮김,
    21세기북스, 2016

서정주, 『미당 서정주 전집 2: 시』, 은행나무, 2015

슈테판 츠바이크, 『츠바이크의 발자크 평전』, 안인희 옮김, 푸른숲,
    1998

신봉승, 『역사가 지식이다』, 선, 2013

알베르토 망겔, 『독서의 역사』, 정명진 옮김, 세종서적, 2000

앙드레 모루아, 『젊은 그대에게 보내는 인생 편지』, 김광일 옮김,
    김영사, 2012

앙드레 버나드, 『제목은 뭐로 하지?』, 최재봉 옮김, 모멘토, 2010

앙드레 버나드 · 빌 헨더슨, 『악평: 퇴짜 맞은 명저들』, 최재봉 옮김,
    열린책들, 2011

앙리 뒤낭, 『솔페리노의 회상』, 대한적십자사 인도법연구소, 2009

앤서니 그래프턴, 『각주의 역사』, 김지혜 옮김, 테오리아, 2016

양계초, 『중국고전학입문』, 이계주 옮김, 형성사, 1995

어니스트 헤밍웨이, 『파리는 날마다 축제』, 주순애 옮김, 이숲, 2012

옌리에산 · 주지엔구오, 『이탁오 평전』, 홍승직 옮김, 돌베개, 2005

오수완, 『도서관을 떠나는 책들을 위하여』, 나무옆의자, 2020

오쓰카 노부카즈, 『책으로 찾아가는 유토피아』, 송태욱 옮김, 한길사,
    2007

오에 겐자부로, 『회복하는 인간』, 서은혜 옮김, 고즈윈, 2008

요한 하위징아, 『중세의 가을』, 이종인 옮김, 연암서가, 2012

움베르토 에코 · 장클로드 카리에르, 『책의 우주』, 임호경 옮김,

     열린책들, 2011

유홍준, 『나의 문화유산답사기 8: 남한강편』, 창비, 2015

윤보선, 『구국의 가시밭길』, 한국정경사, 1967

이문열, 「제47장 정착」, 『변경 8: 제2부 시드는 대지』, 문학과지성사,
     1998

이승우, 『생의 이면』, 문이당, 2005

이시영, 『호야네 말』, 창비, 2014

이용훈, 「사서란 누구인가」, 『사서가 말하는 사서』, 부키, 2012

이용희, 『우리나라의 옛 그림』, 연암서가, 2018

이정록, 「편지봉투도 나이를 먹는다」, 『시인의 서랍』, 한겨레출판,
     2020

이청준, 「자서전들 쓰십시다: 언어사회학서설 2」, 『자서전들
     쓰십시다』, 열림원, 2000

이한, 『몽구』, 유동환 옮김, 홍익출판사, 2005

이현우, 『책을 읽을 자유』, 현암사, 2010

이황, 『사문수간』, 박상수 옮김, 지만지, 2017

이효석, 「첫 고료」, 『박문』 제12호, 1939.10

장 자크 루소, 『루소의 고백록』, 이용철 옮김, 나남출판, 2014

장수민 지음, 한기 증보, 『중국인쇄사 4』, 강영매 옮김, 세창출판사,
     2016

장정일, 「나는 수집한다, 고로 창조한다」, 『시사IN』 366호, 2014.9.24

_____, 『길안에서의 택시잡기』, 민음사, 1988

_____, 『아담이 눈뜰 때』, 미학사, 1992

장조, 『유몽영, 삶을 풍요롭게 가꿔라』, 신동준 옮김, 인간사랑, 2015

정민, 『습정』, 김영사, 2020

____, 『오직 독서뿐』, 김영사, 2013

____, 『책 읽는 소리』, 마음산책, 2002

____, 『책벌레와 메모광』, 문학동네, 2015

____, 『한시미학산책』, 솔, 1996

정약용, 「자찬묘지명」, 『다산문학선집』, 박석무 외 편역, 현대실학사, 1996

정윤수, 「읽으면 인생을 알게 되는 격정의 철학」, 『한겨레신문』 2009.5.9

제바스티안 브란트, 『바보배』, 노성두 옮김, 인다, 2016

조르주 벨몽, 『나의 프루스트 씨』, 심민화 옮김, 시공사, 2003

조용헌, 「무협지의 매력」, 『조용헌 살롱』, 랜덤하우스코리아, 2006

조지 오웰, 「서점의 추억」, 『나는 왜 쓰는가』, 이한중 옮김, 한겨레출판, 2010

_____, 『1984』, 권진아 옮김, 을유문화사, 2012

조지훈, 『동문서답』. 범우사, 1997

존 밀턴, 『아레오파기티카』, 박상익 옮김, 인간사랑, 2016

존 치버, 『존 치버의 일기』, 박영원 옮김, 문학동네, 2016

존 파울즈, 『나의 마지막 장편소설』1, 이종인 옮김, 열린책들, 2010

주요한 엮음, 『안도산전서』, 삼중당, 1963

줌파 라히리, 『이 작은 책은 언제나 나보다 크다』, 이승수 옮김, 마음산책, 2015

찰스 부코스키, 『우체국』, 박현주 옮김, 열린책들, 2012

최인호, 『눈물: 최인호 유고집』, 여백미디어, 2013

최재천, 『과학자의 서재』, 움직이는서재, 2015

클리프턴 패디먼·존 S. 메이저, 『평생 독서 계획』, 이종인 옮김,
     연암서가, 2010

토머스 페인, 『상식』, 남경태 옮김, 효형출판, 2012

피에르 바야르, 『읽지 않은 책에 대해 말하는 법』, 김병욱 옮김,
     여름언덕, 2008

피천득·김재순·법정·최인호, 『대화』, 샘터, 2004

한성우, 『우리 음식의 언어』, 어크로스, 2016

한용운, 『명사십리』, 범우사, 1988

함성호, 「왜 무협지는 새우깡 같지?」, 『한겨레』 2007.6.27.

허연 외, 『시인의 사물들』, 한겨레출판, 2014

홍석주, 『역주 홍씨독서록』, 리상용 역주, 아세아문화사, 2012

황동규, 「탁족」, 『우연에 기댈 때도 있었다』, 문학과지성사, 2003

황지우, 「의혹을 향하여」, 『새들도 세상을 뜨는구나』, 문학과지성사,
     1983

E.J. 시에예스, 『제3신분이란 무엇인가』, 박인수 옮김, 책세상, 2003

J. 네루, 『세계사 편력』1, 곽복희·남궁원 옮김, 일빛, 2004

Haruki Murakami, The Art of Fiction No. 182, Interviewed by John
     Wray, *The Paris Review* Issue 170, Summer 2004

Johannes Trithemius, *De laude scriptorum manualium*, 1492

책의 사전
: 읽는 사람이 알아 두면 쓸모 있는 신통한 잡학

2021년 8월 14일   초판 1쇄 발행

지은이
표정훈

펴낸이	펴낸곳	등록
조성웅	도서출판 유유	제406-2010-000032호 (2010년 4월 2일)

주소
서울시 마포구 동교로15길 30, 3층 (우편번호 04003)

전화	팩스	홈페이지	전자우편
02-3144-6869	0303-3444-4645	uupress.co.kr	uupress@gmail.com

	페이스북	트위터	인스타그램
	facebook.com /uupress	twitter.com /uu_press	instagram.com /uupress

편집	디자인	마케팅
김은우, 김유경	이기준	송세영

제작	인쇄	제책	물류
제이오	(주)민언프린텍	(주)정문바인텍	책과일터

ISBN 979-11-6770-004-9 03100

이 책에 수록된 문학 작품은 저작권자의 동의를 얻어 수록했습니다. 다만 일부 작품은 원저작권자를 찾기 위해 백방으로 애썼으나 원저작권자의 허가를 확보하지 못한 채 출간하였습니다. 유유는 저작권자가 확인되는 대로 원저작권자와 최선을 다해 협의하고 합리적인 비용을 치르겠습니다.